Espejos: Clean

Also by Christine Quintana

Selfie

También escrito por Christine Quintana

Selfie

Espejos: Clean

By / escrita por
Christine Quintana

Spanish translation and adaptation by
/ traducción y adaptación por
Paula Zelaya Cervantes

Playwrights Canada Press
Toronto

First edition: October 2024
Printed and bound in Canada by Imprimerie Gauvin Ltée, Gatineau

Jacket art by Katie So
Author photo by Sewari Campillo

Playwrights Canada Press, 202-269 Richmond St. W., Toronto, ON M5V 1X1
416.703.0013 | info@playwrightscanada.com | www.playwrightscanada.com

For professional or amateur production rights, please contact:
Colin Rivers, Marquis Literary, 402-10 Adelaide Street East, Toronto, Ontario M5C 1J3
416-960-9123 x 223 | info@mqlit.ca

LIBRARY AND ARCHIVES CANADA CATALOGUING IN PUBLICATION
Title: Espejos / escrita por Christine Quintana ; traducción y adaptación por Paula Zelaya Cervantes = Clean / by Christine Quinata ; Spanish translation and adaptation by Paula Zelaya Cervantes.
Other titles: Clean
Names: Quintana, Christine, author. | Zelaya-Cervantes, Paula, translator, adapter. | Container of (work): Quintana, Christine. Clean. | Container of (expression): Quintana, Christine. Clean. Spanish.
Description: First edition. | "All of Adriana's text is performed in Spanish, and all of Sarah's text is performed in English, with the scenes between them in English. All text is surtitled in the respective language." | Text in original English and in Spanish translation in parallel columns.
Identifiers: Canadiana (print) 20240375106 | Canadiana (ebook) 20240375149
| ISBN 9780369104588 (softcover) | ISBN 9780369104601 (EPUB)
| ISBN 9780369104595 (PDF)
Subjects: LCGFT: Drama.
Classification: LCC PS8633.U5835 C5418 2024 | DDC C812/.6—dc23

Playwrights Canada Press staff work across Turtle Island, on Treaty 7, Treaty 13, and Treaty 20 territories, which are the current and ancestral homes of the Anishinaabe Nations (Ojibwe / Chippewa, Odawa, Potawatomi, Algonquin, Saulteaux, Nipissing, and Mississauga / Michi Saagiig), the Blackfoot Confederacy (Kainai, Piikani, and Siksika), néhiyaw, Sioux, Stoney Nakoda, Tsuut'ina, Wendat, and members of the Haudenosaunee Confederacy (Mohawk, Oneida, Onondaga, Cayuga, Seneca, and Tuscarora), as well as Metis and Inuit peoples. It always was and always will be Indigenous land.

We acknowledge the financial support of the Canada Council for the Arts, the Ontario Arts Council (OAC), Ontario Creates, the Government of Ontario, and the Government of Canada for our publishing activities.

For my Dad—I would rather still have you.
Para mi papá—preferiría tenerte todavía.

Author's Preface

I have only been to Cancun twice.

I went for the first time in 2018, to see my father for the first time in nearly a decade, a trip that changed me profoundly. And again in the final weeks of 2023, where I write to you now.

My father died six months after that first visit. And so, I return here with greys at my temples that weren't there before. Everything seems exactly the same, but I am not. I came to close the circle. To come find something I lost here all those years ago.

My father worked at a resort much like the one depicted in this play. He had won a door prize at a staff party—airfare and hotel stay for two. He asked me if I would come, and I did. He was once something else, but this was his life now; and I went to meet him as he was. He brought me into the resort through the staff entrance, the sun already set and everything obscured in darkness. I woke up to a different world, the resort's facade lit brightly. I split my time between enjoying my stay as a guest, and making voyages to the "real world"—my dad's apartment, walking his dogs in the park, bearing witness to the massive environmental and cultural destruction wrought by the hotel industry. Meeting him and myself again as we slipped back and forth across the invisible border of what is to be seen and what is to be hidden, in our relationship and in our lives together and apart. The dissonance of all that was seen and unseen, said and unsaid, caused me to drift away from myself, to sink into a third place neither here nor there.

There are events in our lives that—either in a violent tidal wave, or with the slow force of erosion—transform us, permanently. When these events are negative ones, they are known as trauma. Even after the drama of the big show subsides, it might take years for all the pieces of ourselves to come together again. This is what I sought to write about with *Espejos: Clean*—the way that people, women especially, reconcile their minds, bodies, and spirits in the years that follow traumatic events.

In spring 2022, *Espejos: Clean* (then titled *Clean/Espejos*) was produced nearly simultaneously in Vancouver, by Neworld Theatre, and in Costa Mesa, at South Coast Repertory. I flew back and forth from a city where members of the Latin American diaspora struggle for visibility, to one where the signs at the grocery store carry Spanish and English side by side. From one where plays by artists of Latin American descent are seen far too infrequently, to a theatre that had a Hispanic Playwrights Unit dating back to the '90s. The culture shock—of the state where I was born, California, to the province where I live, British Columbia, was dizzying. As those of us from diasporic backgrounds know, context is everything. Yet in the rehearsal room and on stage, so much remained the same. The care delivered in matriarchal spaces. The joy of multilingual art. The surgical precision needed when representing chronically under and misrepresented communities.

The play's reception was likewise disorienting. In Canada, I faced criticism and challenges about whether I had the necessary cultural proximity to tell this story. For some, the tropes this play intends to dismantle are too painful to see, regardless of intent. But as well, our creative team and I received emails, messages, and tearful in-person testimonials from audience members in both the US and Canada who felt deeply seen, who treasured seeing experiences they recognized reflected in their own languages.

All of this can be true at once.

Espejos: Clean, as I intend it, is a testament to the power of survival. Though trauma sometimes warps our vision, breaks our bodies, poisons our memories, our souls stay true. Like the sun rises, like the tide comes in, we will come back to ourselves—no matter how long it takes. We must believe it.

The sun has set here now, in Cancun. I'm sitting on the beach in the dark and I can barely see the ocean but I can feel it. I know it's there. I believe it. I am closing the circle. I am coming back to myself. I am not the person I was when I wrote this play. I never will be again. And so this text exists as an imperfect missive from a heart drowning in grief, a snapshot of a mind and spirit stuck in the in-between.

Prólogo de la autora

He ido a Cancún sólo dos veces.

La primera fue en 2018 cuando fui ver a mi papá por primera vez en casi diez años, ese viaje me cambió profundamente. Volví a ir en las últimas semanas del 2023, desde donde estoy escribiendo en este momento.

Mi papá se murió seis meses después de esa primera visita. Y entonces, regreso a este lugar con canas grises creciéndome en las sienes y que antes no tenía. Parece que todo está exactamente igual, sólo que yo no. Vine a cerrar el círculo. A encontrar algo que perdí aquí esa primera vez, hace tantos años.

Mi papá trabajaba en un *resort* muy parecido al que se representa en esta obra. Se había ganado un premio en una rifa para los empleados—boletos de avión y una estadía para dos en el hotel. Me preguntó si quería venir, y vine. En otra época mi papá fue alguien más, pero esta era su vida ahora; y fui a verlo como la persona que era ahora. Me llevó al interior del hotel por la entrada de empleados cuando el sol ya se había puesto y todo estaba sumido en oscuridad. Me desperté en un mundo distinto, la fachada del hotel iluminada y brillante. Mi tiempo estuvo dividido entre disfrutar mi estadía como huésped y hacer viajes al «mundo real»—visitando el departamento de mi papá, paseando a sus perros en el parque, siendo testigo de la destrucción ambiental y cultural masiva causada por la industria hotelera. Volviendo a conocerlo y volviendo a conocerme a mí misma conforme cruzábamos y descruzábamos la frontera invisible entre lo que se mostraba y lo que se escondía en nuestra relación y en nuestra vida, juntos y separados. La disonancia causada por todo lo que era visible e invisible, por todo lo que se decía y todo lo que no, me hizo flotar lejos de mí misma, hundirme en un tercer lugar que no estaba ni aquí ni allá.

Hay sucesos en nuestras vidas que—ya sea como maremoto violento o con la fuerza lenta de la erosión—nos transforman de forma permanente. Cuando estos eventos son negativos, se les conoce como trauma. Incluso después de que pasa todo el drama del gran evento, nos puede tomar años volver a juntar los fragmentos de nosotras mismas. Esto es lo que buscaba escribir cuando escribí *Espejos: Clean*—la manera en que las personas, especialmente las mujeres, se reconcilian con sus mentes, cuerpos, y espíritus en los años que vienen después de un evento traumático.

En la primavera del 2022, *Espejos: Clean* (que en ese entonces se llamaba *Clean/Espejos*) se produjo de manera casi simultánea en Vancouver con Neworld Theatre, y en Costa Mesa en el South Coast Repertory. Estuve yendo y viniendo de una ciudad en la que los miembros de la diáspora latinoamericana siempre están luchando por tener visibilidad, a una ciudad en la que los letreros en los supermercados tienen palabras en inglés y en español lado a lado. De una ciudad en la que se ven obras creadas por artistas de descendencia latinoamericana con demasiada poca frecuencia, a un teatro que tiene un departamento de Dramaturgia Hispana que existe desde los 90. El shock cultural—entre California, el estado en el que nací, y British Columbia, la provincia en la que vivo—me dejó aturdida. Como bien sabemos todas las personas que provenimos de la diáspora, el contexto lo es todo. Y, sin embargo, en el salón de ensayos y sobre el escenario, tantas cosas se mantenían iguales. El cuidado otorgado en los espacios matriarcales. El gozo del arte multilingüe. La precisión quirúrgica necesaria al representar comunidades que se ven crónicamente sub y mal representadas.

La recepción de la obra fue igual de desorientadora. En Canadá, me enfrenté a crítica y a cuestionamientos de si yo tenía la proximidad cultural necesaria para contar esta historia. Para algunos, los temas y convenciones que esta obra tiene la intención de desmantelar son demasiado dolorosos de ver, sin importar la intención detrás. Pero, también, el equipo creativo y yo hemos recibido emails, mensajes, testimonios presenciales y con lágrimas de parte de personas del público, tanto en Estados Unidos como en Canadá, que se sintieron profundamente vistas, que atesoraron poder ver experiencias que reconocían y que reflejaban sus propios idiomas.

Todas estas cosas pueden ser ciertas al mismo tiempo.

Mi intención es que *Espejos: Clean* sea un testimonio del poder de la supervivencia. Aunque el trauma a veces deforma nuestra visión, rompe nuestros cuerpos, envenena nuestras memorias; nuestras almas se mantienen firmes. Así como se levanta el sol, y la marea sube, regresaremos a nosotras mismas—no importa cuánto tiempo nos tome. Tenemos que creerlo.

El sol ya se puso aquí en Cancún. Estoy sentada en la playa en la oscuridad y apenas y puedo ver el mar, pero lo puedo sentir. Sé que está ahí. Creo en él. Estoy cerrando el círculo. Estoy regresando a mí. No soy la persona que era cuando escribí esta obra. Nunca volveré a ser esa persona. Y entonces este texto existe como una misiva imperfecta escrita por un corazón que se ahogaba en su duelo, una fotografía de una mente y un espíritu atoradas en el *in-between*, el espacio que no está ni aquí ni allá.

Espejos: Clean was first produced in a co-world premiere by Neworld Theatre in association with Western Canada Theatre at the Pavilion Theatre, Kamloops, BC, from March 24–April 2, 2022, and by South Coast Repertory at the Julianne Argyros Stage, Costa Mesa, California, from March 20–April 10, 2022.

The Neworld Theatre production featured the following cast and creative team:

Espejos: Clean fue producida por primera vez, en una co-premiere mundial, por Neworld Theatre en asociación con Western Canada Theatre en el Pavilion Theatre, Kamloops, BC, del 24 de marzo al 2 de abril de 2022; y por South Coast Repertory en el Argyros Stage en Costa Mesa, California, del 20 de marzo al 10 de abril de 2022.

La producción de Neworld Theatre contaba con el siguiente elenco y equipo creativo:

Actor | Actriz: Alexandra Lainfiesta
Actor | Actriz: Genevieve Fleming

Director, Dramaturg, and Dynamic Surtitles Director | Dirección, Dramaturgismo y Dirección de Subtítulos Dinámicos: Daniela Atiencia
Director | Dirección: Chelsea Haberlin
Stage Manager | Jefa de Piso: Yvonne Yip
Set Designer | Diseño de Escenografía: Shizuka Kai
Production Manager & Technical Director | Dirección Técnica y Supervisión de Producción: Nicole Lamb

Music Director | Diseño de Sonido: Mishelle Cuttler
Apprentice Stage Manager | Aprendiz de Jefa de Piso: Mariana Munoz
Understudy | Alternante: Manuela Sosa
Costume Designer | Diseño de Vestuario: Jessica Oostergo
Lighting Designer | Diseño de Luz: Harika Xu
Assistant Director | Asistente de Dirección: Gavan Cheema
Projection Designer | Diseño de Proyecciones: Candelario Andrade
Projection & Surtitle Designer | Diseño de Proyecciones y Subtítulos: Andie Lloyd
Assistant Technical Director | Asistente de Dirección Técnica: Jack Goodison
Producer | Producción: Raes Calvert and Alen Domínguez
Cultural Ambassadors | Embajadoras Culturales: Ruth Suarez, Paula Lara, Luz de Maria Vasquez, Ana Lorena Perez, and Dulce Maria Zamudio

The South Coast Repertory production featured the following cast and creative team:

La producción de South Coast Repertory contaba con el siguiente elenco y equipo creativo:

Actor | Actriz: Lorena Martinez
Actor | Actriz: Nell Geisslinger

Director | Dirección: Lisa Portes
Assistant Director | Asistente de Dirección: Melanie Queponds
Set Designer | Diseño de Escenografía: Brian Sidney Bembridge
Costume Designer | Diseño de Vestuario: Danielle Nieves
Lighting Designer | Diseño de Luz: Karyn Lawrence
Sound Designer | Diseñador de sonido: Vincent Olivieri
Projection Designer | Diseño de Proyecciones: Yee Eun Nam
Dramaturg | Dramaturgismo: Lydia Garcia
Stage Manager | Jefa de Piso: Deena Tovar

Espejos: Clean was developed and workshopped with the support of Neworld Theatre (Vancouver), the Lab at South Coast Repertory Theatre (2021 Pacific Playwrights Festival), Theatre Aspen (Solo Flights

Festival), the Banff Playwrights Lab, and Tarragon Theatre (Urjo Kareda Residency, Toronto), and received additional support from Aluna Theatre (Toronto), the Canada Council for the Arts, and the BC Arts Council (Canada).

Espejos: Clean fue desarrollada y tallereada con el apoyo de Neworld Theatre (Vancouver), el Lab de South Coast Repertory Theatre (2021 Pacific Playwrights Festival), Theatre Aspen (Solo Flights Festival), el Banff Playwright's Lab, y Tarragon Theatre (Urio Kareda Residency, Toronto); y recibió apoyo adicional por parte de Aluna Theatre (Toronto), el Canada Council for the Arts, y el BC Arts Council (Canadá).

Note on language

All of Adriana's text is performed in Spanish, and all of Sarah's text is performed in English, with the scenes between them in English. All text is surtitled in the respective language.

Nota sobre el idioma

Todo el texto de Adriana se representa en español, y todo el texto de Sarah se representa en inglés, con las escenas entre ellas en inglés. Todo el texto está subtitulado en el idioma respectivo.

Characters

Adriana tries to be present. She is immaculate, wearing a crisp pant-suit, perfect jewellery, everything neat.

Sarah tries to be good. Despite the mess, she is tougher than she looks. She never cries until page 111.

Personajes

Adriana intenta estar presente. Está impecable. Trae un traje sastre muy pulcro, joyería perfecta, todo limpio y acomodado.

Sarah intenta ser buena persona. A pesar del desastre que parece ser, es más fuerte de lo que parece. No llora hasta la página 111.

Primer Acto

ADRIANA
Salgo antes de que salga el sol.

Me baño rápido, me lavo los dientes, hago la cama. Sólo nos queda suficiente tiempo para un cafecito. Un poquito de leche condensada, un momento de dulzura.

Primero, tomo el camión—cinco pesos que pongo en la mano del hijito del conductor, que se está quedando dormido sentado junto a la puerta mientras recibe el dinero. Y luego, arrancamos. Veinte minutos después corro al camión enorme de staff del hotel, que nos lleva a trabajar todos los días.

Para cuando me trepo, la mayoría de mi staff ya llevan una hora de camino, pescando momentitos de sueño mientras el camión atraviesa la carretera. Les doy los buenos días y tomo mi asiento en la parte de adelante.

Act One

ADRIANA
I leave before the sun comes up.

I shower quickly, brush my teeth, make my bed. There's only enough time for a little cafecito. A little condensed milk, a moment of sweetness.

First I get the city bus—five pesos pressed into the hand of the driver's sleepy little son who sits by the door collecting fares, and then we're off. Twenty minutes later I hurry to catch the hotel's big staff bus that drives us to work every day.

By the time I get on, most of my staff have already been riding for an hour, catching a few last minutes of sleep as the bus blasts down the highway. I say good morning as I take my seat up front.

En la oscuridad, la única iluminación viene de los espectaculares—una cascada con peces saltando mientras brillan bajo el sol; una pantera corriendo más rápido entre más te acercas; nombres gigantes escritos con letras resplandecientes. Al Paraíso se llega por aquí.

In the dark, the highway is lit up only by the signs—a waterfall with fish leaping and shining in the sun; a panther, running faster and faster the closer you get; names in big glittering letters. Paradise this way.

Alguien pasa Tylenol por el pasillo, y el botecito hace ruido mientras cada uno tomamos una pastilla y pasamos las demás. Veo a Marisol, la más chica de mi equipo, mirando a su alrededor, la más despierta de todos. La veo reírse del destartalado camión de empleados del otro hotel, la cacho lanzándole miradas al mesero guapo que está sentado en la fila de atrás.

Someone passes Tylenol down the aisle and the bottle rattles as we each take one and pass it on. I watch Marisol, the youngest on my staff, as she looks around the bus, more awake than anyone else. I watch her giggle at the rival hotel's staff bus struggling along behind us on the highway, catch her making eyes at the handsome busboy the row behind her.

Por alguna razón, en este momento, esto le es suficiente a Marisol. Es nueva aquí y es tan joven, es su primera vez lejos de su familia y está emocionada de tener trabajo. Todavía no le duelen los pies, la espalda no le rechina como la de alguien tres veces mayor, los químicos todavía no le parten las manos.

Somehow, at this moment, all this is enough for her. She's brand new here and she's so young, away from her family for the first time, excited to have work. Her feet don't yet hurt, her back doesn't creak like someone three times her age, her hands don't split open from chemicals.

Yo era así, antes.

I was like that once.

El sonido se ajusta, mientras ADRIANA *entra en una memoria.*

Tengo diecinueve años, estoy sentada en el asiento del copiloto del carro de Nicolás mientras nos alejamos de Chetumal a toda velocidad, manejando de noche, mientras el rosario que Nicolás trae colgado del retrovisor golpea el parabrisas suavemente. Un día me dijo, cuando estés lista, yo te saco. Y esta noche resulta ser La noche. Ahora estamos a diez kilómetros de Cancún, manejando directo hacia el amanecer.

El sol sale e ilumina los espectaculares que muestran pirámides, clases de buceo, el «real Mexico». Entramos al resort, pasando frente a un jardín perfectamente cuidado en el que se alza una fuente gigantesca; y hacia la ligeramente más modesta entrada para empleados. Nicolás le hace una seña al portero, quien contesta «veinticinco». Manejamos hasta el cajón de estacionamiento y él apaga el motor.

No hemos parado desde Chetumal, y la quietud abrupta me marea, pero igual le sonrío a Nicolás.

Sound shifts as ADRIANA *enters a memory.*

I'm nineteen years old, sitting in the passenger side of Nicolas's car as we blast away from Chetumal, driving all through the night, as the rosary hanging on his rear-view mirror gently taps against the windshield. He'd told me, whenever you're ready, I'll get you out. Tonight turns out to be the night. Now we're ten kilometres away from Cancun, driving straight into the sunrise.

The sun rises on the highway signs advertising pyramids, scuba diving, the "real Mexico." We pull in to the resort, past the immaculately groomed front lawn with the giant fountain, around to the slightly more modest staff entrance. Nicolas waves at the attendant, who answers "twenty-five." We drive to the parking spot and he turns off the engine.

We haven't stopped since Chetumal, and the sudden stillness makes me sick, but I smile at Nicolas anyway.

¿Estas bien? me pregunta

Pienso un momento antes de contestar

Sí.

Nicolás entra conmigo al resort, ya con su uniforme puesto. Los otros empleados le chiflan cuando ven que vamos de la mano. Y Nicolás nomás se ríe. Me da una pulsera de plástico. «Este es un pase de visitante para que te puedas dar una vuelta. Disfrútalo, Adri. Imagínate que estás de vacaciones».

Se va para empezar su turno y yo entro a la plaza principal del resort.

> *El sonido de una alberca, música, gente platicando.*

Es increíble.

Albercas grandes, redondas, rodeadas de torres color turquesa brillante, barecitos acurrucados en cabañas de hoja de palma, un patio todo color blanco con meseras que traen vestidos de lino.

Es como un libro para niños, la versión de postal de cómo

"Are you okay?" he asks me.

I think before I say

Yes.

Nicolas walks me into the resort, already wearing his uniform. The attendants whistle at him as he holds my hand, and he laughs them off. He gives me a plastic wristband. "This is a visitors pass, so you can go look around for a bit. Enjoy it, Adri. Pretend you're on vacation."

He leaves me to start his work day, and I walk into the main plaza of the resort.

> *Sound of swimming pool, music, people talking.*

It's incredible.

Big round swimming pools lined with bright turquoise towers, little bars nestled in huts with straw roofs, a patio all in white with servers in linen dresses.

Everything is like a picture book, a postcard version of what se supone que es México. Casi parece auténtico, pero si te fijas bien, se ven las costuras, el pegamento, la pintura.

Mexico is supposed to be like. Just enough to make it seem authentic, but if you look so, so carefully you can see the seams, the glue, the paint.

Veo a las personas en el deck, riéndose, salpicándose con agua, tomando bebidas coloridas en vasitos de plástico. Miro mas allá de estas personas, a las otras, las que son como Nicolás, las que desaparecen a plena luz del día, las que hacen que aparezcan toallas y comida de la nada. Como un truco de magia, están aquí pero no están aquí.

I look up at the people on the deck, laughing, splashing each other, sipping colourful drinks out of plastic cups. I look past those people to the others, the ones like Nicolas, the ones slipping unseen behind closed doors, making towels appear from nowhere, platters of food from thin air. Like a magic trick, here but not here.

Vine a este lugar para desaparecer, y en ese momento decido que yo también voy a conseguir un trabajo aquí.

I came to this place to disappear, and I decide right then that I will find a job here too.

Pienso en lo que mi papá diría si supiera.

I think about what my father would say if he knew.

Meto un pie en agua fresca, azul fosforescente, de la alberca, mientras mi cuerpo entero comienza a estremecerse. Nadie parece darse cuenta de que estoy temblando y temblando, conforme la gravedad de mis acciones comienza a caerme encima. Aunque estoy completamente vestida, de pronto me deslizo hacia el agua.

I dip my feet in the cool, fluorescent blue water of the pool, and my whole body starts to shake. No one seems to notice me as I shake and shake, as the gravity of what I have done starts to hit me. Even though I'm fully dressed, I find myself pushing myself into the water.

El sonido de abajo del agua.

Voy a volver a empezar.
Me voy a olvidar de el pasado.
Voy a volver a comenzar, limpia.

El sonido del agua se convierte en una canción que suena en el radio del camión y estamos de regreso en el presente. ADRIANA *se sacude la memoria.*

«¡NOOOOOO! ¡Me encanta esta canción!»

Marisol le grita al chofer para que le suba al radio. Y, mientras el sol va saliendo, el camión despierta también: hablamos, nos estiramos, nos preparamos para un turno de doce horas, atravesando la carretera a toda velocidad hacia el resort.

ADRIANA *se estira, respira.*

Si. Estoy aquí. Ahorita.
Al Paraíso se llega por aquí.

The sound of underwater.

I will start again.
I will forget what came before.
I will start again, clean.

The water surfaces into a song on the bus radio, and we are back in the present. ADRIANA *shakes off her memory.*

"Oh my GOD I love this song!"

Marisol yells at the driver to turn up the radio, and as the sun rises, the bus comes to life as we talk, stretch, get ready for our twelve-hour day as we blast down the highway towards the resort.

ADRIANA *stretches, breathes.*

Yes. I am here. Now.
Paradise this way.

SARAH está borracha, recostada sobre la barra. Suena algo de música latina de fondo, pero suena distorsionada, arrítmica, como abajo del agua. SARAH está sonriendo y hablando demasiado fuerte.

SARAH
¡Hola!

¿Estás ocupado?

No te quiero molestar si estás—

O hablar con nosotros los turistas es parte de tu trabajo, jaja

No te quiero molestar, sólo te quería decir que—

¡Ah, okey! Pues. ¡Hola!

¡Qué le ponen a estos cocteles!

Jaja perdón

Me refiero a que

¡Las bebidas están muy buenas!

Jaja sí o, bueno, yo ya probé muchas

SARAH is sloppy drunk, leaning over the bar. Some canned Latin music plays, but it sounds distorted, arrhythmic, underwater. SARAH is smiling and speaking just slightly too loud.

SARAH
Hi!

Are you busy?

I don't wanna bother you if you're—

Or is it your job to talk to us tourists, haha

I don't want to bother you, I just wanted to say—

Oh okay! Well. Hi!

What do you put in these things do you know what I mean!

Haha sorry

I mean like

The drinks are very good!

Haha yeah or at least I've had lots of them eh

¿A qué hora sales?

When are you finished tonight?

Ah, pues, pronto . . .

Hey that's pretty soon . . .

Lo siento

Anyway, sorry
Lo siento

(un poco avergonzada) y, quería aprender algo de español antes de venir para poder hablar con—hablar con todos pero

(a bit embarrassed) Oh I wanted to learn some Spanish before I came here so I could talk to—talk to everyone but

No soy buena para los idiomas

I'm so bad

Estoy segura de que no quieres escucharme.

You don't really want that do you.

¿Yo? La boda.

Me? A wedding.

No es mi boda, ¡jaja!

Not mine, haha!

De mi hermana. Mi hermanita. Maddie. No, perdón, perdón, Madison, ahora.

My sister. Little sister. Maddie. Oh pardon me, Madison now.

¡Sí! Y es mucho trabajo. Y el color lavanda no se me ve bien.

I sure am! And it's a fucking lot of work. And I don't look good in lavender.

¿Sabes cuando eres como

You know when you're like

como el

the like

el miembro de la familia que fracasa?

the fuckup family member?

como la persona que todo el mundo está pensando okey a qué hora va a fracasar jaja	like everyone is like okay wow when is she gonna fuck up haha
ESA SOY YO	THAT'S ME
Entonces me la estoy pasando INCREÍBLE aquí, jaja	So I'm having a GREAT time here, haha
Pero bueno	Anyway anyway
¿Cómo estás tú?	How are you?
¿Ocupado?	Busy?
Ah, okey, perdón.	Oh okay, sorry.
¿Me puedes traer otra? *(le dice que no)*	Could I get another? *(he says no)*
Ah. Claro. Sí, claro, tienes razón.	Oh uh. Right. Yeah you're right.
Lo siento.	Lo siento.
(bajito) Mierda.	*(quietly)* Fuck.
El zumbido de luces fluorescentes, fuerte. SARAH *de pronto está lúcida.*	*The buzz of fluorescent lights, loud.* SARAH *is suddenly lucid.*
Mejor que un vaso de agua. Mejor que una rebanada de pizza o un golpe en la cara. La culpa llega y de pronto estoy sobria, sobria; sobria nivel luces fluorescentes encendidas, sobria nivel sala de	Better than a glass of water. Better than a slice of pizza or a slap to the face. The shame arrives and I am sober, sober, fluorescent-lights-on sober, hospital waiting room sober.

espera de hospital. Con los ojos entrecerrados, alcanzo a ver—a través de las botellas de tequila que están sobre las repisas al fondo del bar—el espejo que está detrás de ellas, y me veo. Rímel corrido hasta los pómulos por el agua de alberca, el pelo mojado secándose con frizz en este aire caliente y pegajoso, el vestido desaliñado que se resbala de mi hombro, un pezón asomándose por la parte de arriba de mi bikini y estoy vieja y doy vergüenza y doy asco y carajo, carajo carajo—

I squint through the rows of tequila bottles lining the back of the bar to the mirror behind them, and I see myself. Eyeliner smeared down to my cheekbones from the swim-up bar, wet hair drying frizzy in the sticky-hot air, sloppy dress falling off shoulders, tit poking out of my bikini top and I am old and embarrassing and I am disgusting and fuck you, fuck you—

Me resbalo del banquito del bar y mis sandalias de tacón se tuercen abajo de mí y me caigo, duro, y todo el mundo voltea pero me levanto rápido y me río, me río como si no me importara y comienzo a caminar rápido hacia el hotel, buscando la tarjeta de la habitación en mi bolsa empapada, deslumbrada por la luz dura del pasillo y me está persiguiendo, la cuenta atrás antes de desmayarme comienza y corro, huyo de la vergüenza que viene atrás de mi tic toc tic toc no lo puedo leer no lo puedo leer mierda mierda mierda y empiezo a correr, zapatos en mano, contando hacia atrás—304, ése es y estoy corriendo tic toc el

I slide off the bar stool, high-heeled sandals buckle beneath me and I go down hard and everyone turns around but I get up quick and just laugh, I laugh like I don't care and I start walking fast to the hotel, digging through my sopping wet purse for my keycard, squinting in the hard light of the hallway and it's chasing me, the blackout countdown begins and I run from the shame behind me and tick tick tick I can't read it I can't read it fuck fuck fuck and I start running, shoes in hand, counting down—304, that's it and I'm running tick tick the blackout is coming and I think thank god thank god just take me out, just

desmayo se acerca y pienso gra-
cias dios gracias dios por favor
sácame, llévame a otro lado, no
me obligues a quedarme en esto,
no me obligues a quedarme

take me away, don't make me
stay in this, don't make me stay

Seis intentos para abrir la puerta
y estoy adentro, a salvo y—

Six tries at the door and I'm in,
and I'm safe, and—

Oscuro.

Blackout.

ADRIANA

«No limpio, comprende»?

La voz de esta mujer está rebotando contra los azulejos del baño y siento como si mis tímpanos se fueran a reventar, no sé si por su mal español o por el ruido penetrante.

Está apuntando con mucha enjundia a las manchas de pasta de dientes que forman un círculo alrededor del lavabo. Está sonriendo, pero está emputada.

Lola me mandó llamar de emergencia que por una señora furiosa en el sexto piso, y pues sí, aquí está. Aunque tiene la razón. El mueble del lavabo no está limpio. Volteo a ver el calendario, ¿quién fue la última en limpiar? Marisol, por supuesto. ¿Qué voy a hacer con esa morra?

Digo, "I'm sorry, ma'am." Y me sonríe, como alentándome. "That's not clean at all. I'll have someone clean it right away."

"When?" me dice, todavía con una sonrisa.

Me está preguntando que «cuándo», pero lo que en realidad

ADRIANA

«No limpio, comprende?»

This woman's voice is bouncing off the tiles of the bathroom and my eardrums feel like they're going to split open, either from her bad Spanish or from the piercing noise.

She's pointing vigorously at a ring of toothpaste smudges around the sink. She's smiling, but she's pissed.

I had received an urgent radio from Lola about an irate woman on the sixth floor, and here she is. Although she is correct that the counter is not clean. I look at the schedule, who was here last? Marisol, of course. What am I going to do with that girl?

I say, "I'm sorry, ma'am," and she smiles encouragingly. "That's not clean at all. I'll have someone clean it right away."

"When?" she says, still smiling.

She's asking when, but what she means is—"I want this done now,

quiere decir es «quiero que lo hagas tú, ahorita, mientras te observo».

by you, while I watch."

No soy mucama. Soy el ama de llaves encargada de treinta trabajadoras que limpian cuatrocientos habitaciones al día, y no tengo tiempo para esto, pero el cliente siempre tiene la razón. Así que le devuelvo la sonrisa.

I am not a maid. I am the manager responsible for thirty workers who clean four hundred rooms a day, and I don't have time for this, but the guest is always the priority so I smile back.

"I will take care of that for you."

"I will take care of that for you."

«¡Grassy-ass!» y me sonríe. Se acerca para tocarme el brazo, pero duda, incómoda. "By the way, your English is very good!" Se regresa a servirse un trago del minibar.

"Grassy-ass!" she beams. She goes to touch my arm and hesitates, awkward. «Por cierto, hablas inglés muy bien!» She goes back to mixing herself a drink from the minibar.

Corro por el pasillo para alcanzar el carrito de Lola y le robo un trapo y una botella. Corro de regreso, sólo deteniéndome en la puerta para volver a fijar una sonrisa en mi cara.

I run down the hallway to Lola's cart and borrow a rag and bottle. I run back, stopping just before the door to plaster on a smile again.

Esta señora es una mujer cincuentona con un marido chinga quedito y prepotente, y—por lo que entiendo de la conversación a gritos que está teniendo por el teléfono del cuarto—es la mamá de la novia de la boda que hay la próxima semana. Se me va a olvidar su cara apenas me salga

The guest is a middle-aged woman with a pushy, obnoxious husband, and, from the loud conversation she's having on the hotel phone, I can tell she is the mother of the bride for the wedding next week. I will forget her face the minute I leave her room because they are always, always

de su cuarto porque todos siempre, siempre son iguales. Familias aburridas, bodas, vacaciones de amigas, parejas. Siempre iguales.

the same. Boring families, weddings, "girls vacations," couples. Always the same.

Estoy haciendo todo un show de raspar la costra de pasta de dientes de las superficies del baño, cuando pasa junto a mí, sin voltearme a ver, para agarrar una botella grande de aloe vera. Se achicharró, parece camarón. Siempre es igual. Nicolás dice que la clínica atiende como a veinte personas al día por insolación. Siempre entran como de «¡Yo nunca me quemo!» Estem, claro que pinches sí te quemas.

I'm making a big show of scraping the toothpaste crust off the countertops, when she pushes past me, without making eye contact, to grab a big bottle of aloe vera. She's burnt as shit. Always happens. Nicolas says the clinic treats like twenty people with heatstroke every day. They always come in like, "I never burn!" Um, fucking yeah you do.

Su piel está color rosa brillante, hinchada, toda pegajosa por el aloe. Hace una cara de dolor mientras batalla para alcanzarse la espalda—nada más no logra alcanzar el lugar que está más quemado. Me pregunto por qué no le pidió a su esposo que le ayudara.

Her skin is bright pink, swollen, sticky from the aloe. She winces as she struggles to reach her back—she misses the same spot that is the most burnt. I wonder why she didn't ask her husband for help.

Tallo la superficie del lavabo hasta que puedo ver mi cara reflejada en ella.

I scrub the counter until I see my face reflected back at me.

Sonrío y me voy.

I smile and leave.

SARAH
No vayas a vomitar.
No vayas a vomitar.

SARAH inhala profundamente por la nariz.

Siento una gota asquerosa de sudor de cruda deslizarse desde mi cabello grasiento a mi cuello, escurrirse por mi espalda pegajosa y terminar su recorrido, de la forma más humillante posible, entre mis nalgas.

Mierda.
Este es el primero de tres—
Sí, tres
¡Tres! ¡Ensayos! ¡Para la boda!

Estoy acatando el código de vestimenta de azul-con-amarillo que se impuso para este ensayo.

¿Por qué un ensayo tendría un código de vestimenta? Ni idea.

Una oleada de náusea la golpea. Respira profundo.

La rodilla me está punzando al ritmo de la horrenda música del cortejo nupcial. La cruda, combinada con el dolor agudo, crean un popurrí maravilloso de náuseas y vergüenza.

SARAH
Don't throw up.
Don't throw up.

SARAH breathes deeply through her nose.

I feel a sickening trickle of hangover sweat drip from my greasy hair down my neck, glide down my sticky back, and end its journey, humiliatingly, in my butt crack.

Fuck.
It's the first of three—
Yes, three
Three! Wedding! Rehearsals!

I'm abiding by the mandated blue-and-yellow dress code for the rehearsal.

Why does a rehearsal have a dress code? Fuck if I know.

A wave of nausea hits SARAH. She breathes deeply.

My knee is throbbing in time with the shitty processional music. The hangover combined with the sharp pain create a delightful medley of shame and nausea.

Siento que quizás me deberían de haber cosido la rodilla, pero, en lugar, me amarré un pañuelo coqueto color AMARILLO (que cada vez se va manchando más de sangre), porque dios me libre de faltar a un solo evento de la boda. Mi mamá y Maddie sólo están esperando, ESPERANDO a caerme encima para demostrar que no valgo para nada, que sí es verdad, pero no necesito que me lo recuerden y—

I have a feeling I should have gotten stitches but instead I tied a jaunty YELLOW (and increasingly blood stained) scarf around it 'cause god help me if I'm late for a single wedding thing. Mom and Maddie are just waiting, WAITING to pounce on me and prove that I'm a piece of shit, which I am, but I don't need them reminding me and—

Alto

Wait

Maddie

Maddie

Miro a mi hermana. Está callada, pálida, débil, tiene una expresión distante muy específica que conozco bien—

I look at my sister. She's silent, pale, spinning out, she's got this specific kind of blankness that I know well—

SARAH le habla a su hermana.

SARAH is talking to her sister.

Qué pasó, bebé

Hey, hun

¿Estás bien?

Are you feeling okay?

¿Has comido algo?

Have you eaten anything?

Ay, Manita, no puedes hacer eso.

Aw, Mads, you can't do that.

Ten, te traje un plátano y un Gatorade. Vamos a sentarnos a descansar cinco minutos ¿está bien?

Here, I brought you a banana and some Gatorade, let's take five so you can sit for a sec, okay?

De nada.

SARAH regresa.

¡Sí, sí, sí carajo, sí!

¡Traje esas cosas para comérmelas yo, pero no importa porque en este instante soy una dama de honor de diez!

¡Redención!

¡Y ahora mi mamá está diciendo que a lo mejor deberíamos de terminar temprano de todas formas, y gracias dios somos libres!

Sonrío poquito *(POQUITO, para no parecer demasiado emocionada)* mientras me alejo de la habitación y comienzo a planear lo que voy a ordenar del bar porque en este caso es necesario conectar la cruda; esto es más cercano a una emergencia médica que a una cruda normal. Y quizás me debería de cambiar la venda de la rodilla antes de eso porque está empapada de sangre, y no me quiero ni imaginar cómo estarán mis sábanas—

Mis sábanas

MIERDA.

You're welcome.

SARAH is back.

Yes, yes, fuck yes!

I brought that shit for me but it doesn't matter because I am currently an A+ maid of honour!

Redemption!

And now Mom is saying we should probably wrap early anyway, and oh my god we're free!

I smile gently *(GENTLY, not too excitedly)* as I back slowly out of the room and start to plan my drink order 'cause it's a hair of the dog situation, more of a medical emergency than a hangover, and maybe I should change the bandage on my knee first 'cause it's bled through, I can't imagine what my sheets look like—

My sheets

FUCK.

ADRIANA
Una vez más, me sacan de mi oficina para recibir una llamada aterrada de Marisol que dice que encontró «algo bien raro» en una habitación. He visto muchas cosas, y no siento que lo que estoy a punto de encontrar vaya a ser más raro de lo normal, pero de todos modos voy a investigar.

Marisol ya va tarde con sus habitaciones cuando llego, así que la mando a que siga con su turno. Y me dedico a investigar yo sola.

Sangre. Tanta sangre, por todas las sábanas. ¿Pues qué pasó aquí?

SARAH entra en la habitación de golpe, asustando a ADRIANA.

¡Ay!

SARAH
Ay—eh—

ADRIANA
Discúlpeme, señorita.

SARAH
No, no es tu culpa. Es MI culpa, perdón por la—por la—

Apunta a las sábanas

ADRIANA
Once again I am pulled from my office when I get a panicked call from Marisol, who says she found "something weird" in a room. I have seen some things, and can't imagine what I'm about to encounter is any weirder than usual, but I go down to see what's happened.

Marisol is already behind on her rounds when I arrive, so I send her away as I investigate myself.

Blood. So much blood, all over the sheets. What happened here?

SARAH busts into the room, startling ADRIANA.

¡Ay!

SARAH
Oh—uh—

ADRIANA
Oh, I'm sorry, ma'am.

SARAH
No, no don't be sorry, I'M sorry, about the—the—

SARAH points at the sheets.

Justamente venía a intentar limpiarlas.	I was going to try to do something about those.
ADRIANA Yo lo hago, no se apure. Pero ¿está bien, señorita?	**ADRIANA** It's no problem. But are you okay, ma'am?
SARAH Sí, estoy—¿por qué?	**SARAH** Yes I'm—why?
ADRIANA Pues, las sábanas—	**ADRIANA** The sheets—
SARAH Ah, sí es que—me lastimé la rodilla—me caí en el eh mi sandalia se rompió en el deck y me caí.	**SARAH** Oh, yes, it's just—my knee—I fell on the uh my flip-flop broke on the pool deck and I fell.
ADRIANA Ah okey.	**ADRIANA** Okay.
SARAH Perdón, no quería que tú lo tuvieras que / limpiar	**SARAH** I'm sorry, I didn't want you to have to / deal with these
ADRIANA / No se preocupe. Yo me encargo.	**ADRIANA** / Don't worry, I'll take care of it.
SARAH No, de verdad, yo las puedo lavar o puedo—	**SARAH** No, really, I can wash them or—
ADRIANA No, señorita, de verdad no hay problema.	**ADRIANA** No, it's okay, ma'am, don't worry, I'll take care of it.

SARAH
No, en serio, me siento culpable.

ADRIANA
Por favor, señorita.

Beat.

No es molestia.

SARAH
Okey. Okey.
Una disculpa.
Bueno, ya me eh—ya me voy.

ADRIANA
Gracias, señorita.

SARAH
Okey. Que tenga un bonito día.

SARAH rebusca en su bolsillo

Eh, por favor—

Para usted.

Le da a ADRIANA un billete de doscientos pesos.

ADRIANA
Gracias, señorita.

Se miran durante un momento.

SARAH
No, really, I feel terrible.

ADRIANA
Please, ma'am.

Beat.

It's no problem.

SARAH
Okay. Okay.
I'm sorry.
I'll uh—I'll go.

ADRIANA
Thank you, ma'am.

SARAH
Okay, have a nice day.

SARAH fumbles in her pocket.

Please uh—

For you.

She hands ADRIANA a two hundred-peso bill.

ADRIANA
Thank you, ma'am.

They look at each other for a moment.

SARAH va a decir algo más, pero huye en vez.

Me caí en el deck. JA, cómo no.

Arturo nos platicó de la señorita peda que se cayó en el bar y rompió un mosaico con la rodilla.

Seguro es ella.

Pobre morra. Qué desastre.

A mis manos les urge arreglar el pequeño desastre que tengo en frente. Debería de regresar a mi escritorio, pero esto es más fuerte que yo. Extraño el ritual, la sensación de completar algo.

Primero, abro las cortinas. Abro la ventana un poquito para quitar el olor a alcohol y a insomnio.

Hay pañuelos en todos lados, cubiertos de rímel. Ha de haber llorado. Hay cajitas vacías de Tylenol regadas por el piso.

Recojo el traje de baño mojado del piso y lo pongo con cuidado sobre la silla.

Termino de quitar las sábanas y ahora solo queda el colchón inmaculado.

SARAH goes to say something else, but slinks away instead.

Fell on the pool deck. Ha.

Arturo told us about the drunk lady who fell at the bar, cracked a tile with her knee.

This must be her.

Poor girl. What a mess.

My palms itch as I look at the gentle disaster in front of me. My desk calls me but I can't help myself. I miss the ritual, the completion.

I open the curtains first, crack open the window to get rid of the smell of alcohol and bad sleep.

There are tissues everywhere, covered in mascara. She must have been crying. Empty Tylenol packs all over the floor.

I pick up her wet bathing suit off the floor and lay it carefully on a chair.

I finish stripping the bed, so only the pristine white mattress remains.

Ya no hay sangre, ya no hay caos.

Listo.

Una brisa suave se cuela por la ventana abierta.

Al rato Marisol viene a terminar la habitación y esta mujer va a regresar a un espacio perfecto—quién sabe qué haga con él en la noche. Pero al menos va a empezar limpio.

Buena suerte, señorita.

> SARAH *está lenta y metódicamente poniéndose bloqueador de sol y, luego, quizás, bronceador. No siempre pone atención a lo que está diciendo.*

SARAH
Alcancé a tomarme sólo una piña colada antes de que mi mamá me encontrara. Y ahora estoy sentada en el brunch, escuchándola quejarse enérgicamente, y mis ojos se pierden en la distancia y estoy aquí pero no estoy aquí (mi especialidad).

Al parecer, ahora hay un pánico TOTAL por las marcas de bronceado que traemos todas.

No more blood, no more chaos.

There.

A gentle breeze blows through the open window.

Marisol will finish the room, and this woman will return to a perfect space—who knows what she'll do with it tonight. But at least it starts clean.

Good luck, ma'am.

> SARAH *is slowly and deliberately putting on sunscreen, and then maybe tanning oil. Her attention is not always on what she is saying.*

SARAH
I get in one solo piña colada before Mom finds me, and I'm sitting at brunch listening to Mom rant forcefully, and my eyes glaze over and I'm here but I'm not here (my specialty).

There's this BIG panic about tan lines all of a sudden.

Los vestidos de las damas tienen no sé qué pendejada con tirantes

Y, sí, se ve bonito, pero

No importa

En qué estaba

De pronto esta es una emergencia nivel 10 porque la boda es en una semana y nos estamos bronceando

Mi mamá dice, «¡muchachas tienen que tener cuidado! ¡Esas líneas de bronceado se van a ver espantosas en las fotos!»

(Nolasestúpidasfotos se va a acabar el mundo, pero no entremos en eso ahora)

Y mi mamá se detiene como tres veces antes de finalmente—no se puede aguantar— agregar «¡en especial tú, Angie!» Y sí, madre, obviamente todos, incluyendo a Angie, sabemos que Angie es filipina, pero DE HECHO Angie es la única que no se ha quemado al rojo vivo y yo SABÍA que, al venir a México, mi mamá iba a terminar trayendo vergüenza a nuestra familia sin querer con algún comentario racista incómodo,

The bridesmaids dresses have all this strappy bullshit up top

I mean it's nice but

Whatever

Anyway

All of a sudden it's a 10/10 emergency, because we're all here for a week before the wedding even happens and we're getting tanned

Mom says, "You girls have to be careful! Tan lines will look just terrible in the photos!"

(Ohmygodthefuckingphotos but let's leave that for now)

And she stops herself like three times before finally—she can't help herself—adding "especially you, Angie!" And yes, Mom, obviously, everyone including Angie knows that Angie is Filipina but ACTUALLY Angie is the only one that doesn't look like a burnt piece of shit right now and I KNEW when we came to Mexico Mom would eventually bring well-meaning shame on the family with an awkward racial

pero nunca me imaginé que estaría dirigido hacia Angie, qué vergüenza Angie—mi mamá es del campo y no hay mucho que podamos hacer por ella.

comment, but I didn't think it would be at Angie's expense, so sorry, Angie—Mom's from the prairies and there's only so much we can do.

Volteo a ver a Angie para retorcerme con ella, pero está completamente involucrada, seria y asintiendo. No sé si mi mamá la está estresando o si está preocupada por—no importa—pero, bueno, tenemos LA ORDEN ESTRICTA de broncearnos hoy, EN STRAPLESS ÚNICAMENTE, NADA DE HALTERS, y entonces, ahora me estoy embadurnando y dirigiéndome a la playa con todas menos con Angie, que, comprensiblemente, está un poquito molesta y se fue por un masaje con su novio.

I look over at Maddie to cringe with her, but she's just all in, like all in, so serious and nodding. I can't tell if Mom is stressing her out, or if she's worried about—whatever—but anyway we have EXECUTIVE ORDERS to go tan today, STRAPLESS ONLY, NO HALTERS SO NOW I'm fucking lubing up and heading to the beach with everyone but Angie, who was justifiably salty and went to get a massage with her boyfriend instead.

Pero no pasa nada.

But it's fine

No pasa nada.

It's fine

Porque, pues, yo suelto estas cosas

You know, I let these things go

Porque pues

'Cause like

Una pausa.

A pause.

bla bla bla

I mean blah blah blah

Nuevo beat.

New beat.

No creo que vendría a un lugar como este yo sola. No sé, todo se siente muy—digo, sí somos increíblemente blancos e increíblemente clase media. Y por mucho que mi mamá se queje en secreto por tener que hacer la boda un martes de octubre—porque es temporada baja para los resorts—seguimos siendo una familia que puede pagar PARA CASARSE EN OTRO PAÍS, y nuestros amigos también. Y eso es. Pues. Es lo que es. Y, oigan, ¿por qué no? Por qué no ir a México sin jamás ir a México realmente. Por qué no hacer a todo el mundo viajar a México para que te vean casarte con un hombre que dice "guac sauce" porque le da nervio pronunciar la palabra «guacamole».

I don't think I would come to a place like this on my own. I don't know, it just feels very—I mean we are just so white and so middle class. As much as Mom secretly moans about having to have a wedding on a Tuesday in October—read: off-season for resorts—we are still a family that can afford a DESTINATION WEDDING, and so can all of our friends. It's just. Well. It is what it is. And hey, why not? Go to Mexico without ever actually really going to Mexico. Make everyone else go to Mexico to watch you marry a man who says "guac sauce" 'cause he's scared to pronounce "guacamole."

Maddie escogió vestidos de TopShop para las damas. De esas tiendas que envenenan el agua en países del tercer mundo para que la gente pueda comprar jeans a veinte dólares. Qué manera de bendecir tu matrimonio. Entonces hice lo que pude para convencerla de echarle al menos un poquito más de ganas.

Maddie chose a bridesmaid's dress from TopShop. One of those places that poison third-world water tables so that people can have twenty-dollar jeans. What a great value to bless your nuptials with. So I did what I could to convince her to try at least a teeny bit harder.

Ya nadie usa lo de que todas las damas traigan el mismo vestido. Es feo y pasado de moda

I mean no one does all matching bridesmaid dresses anymore, that's so frumpy and dated

Pero, ah no, quería que fueran
iguales

Le sugerí algunos diseñadores
locales que podrían hacérselos a la
medida casi por el mismo precio

Nop

Y, finalmente, le dije, no quiero
hacer eso. No quiero comprar
algo fabricado en Indonesia y
luego enviado desde el otro lado
del mundo hasta Vancouver
para que luego nosotras nos lo
llevemos a México. No quiero
hacer eso.

Y explotó
Me dijo
«¿Qué no puedes hacer esta
única cosa por mí?»

Y pues compré el vestido.
Porque cuando me dice eso, no
discuto.
Porque
Pues
Porque sí.
Supongo que es hora de irme a
broncear.

But no, she wanted them to
match

I pointed her to some local
designers who could custom make
them for almost the same price

Nope

And finally I just told her, I don't
want to do that. I don't want to
buy something made in Indone-
sia and shipped halfway across
the world to us in Vancouver for
us to then fly over to Mexico. I
don't want to do that.

And she just snapped
She said
"Can you just do this one thing
for me?"

So I bought the dress.
Because when she says that, I
don't argue.
Because
Well
Just because.
Time to go tan, I guess.

ADRIANA
Estoy completamente absorta en mi trabajo, enredada en horarios, órdenes de compra y pedidos especiales de huéspedes cuando me llaman por radio. Es recepción, diciéndome que mi tía marcó al hotel. Meto la mano a mi bolsa para sacar el celular que no he revisado en todo el día.

Mi tía no me ha hablado en ocho años, pero tengo tres llamadas perdidas de ella. Le marco, y en cuanto contesta, me dice:

«Se murió tu papá».

Así, nada más

«Se murió tu papá».

Y entonces digo

«Okey».

Y luego se arranca como de «¿Así nomás? ¿Okey? ¿Eso es todo lo que vas a decir? ¿Qué te pasa? Te vas, te vas OCHO AÑOS, dejas a tu mamá sola con él y ahora está muerto y ella te necesita ¿y lo único que puedes decir es 'okey'? ¿Qué clase de hija eres?»

ADRIANA
I am lost in work, buried in schedules and supply orders and customer requests when my radio goes off. It's reception, saying my aunt called the main desk looking for me. I reach into my pocket to look at my phone, which I haven't checked all day.

My aunt hasn't spoken to me in eight years, but she's left me three voicemails. I call her, and as soon as she picks up she says:

"Your dad's dead."

Just like that

"Your dad's dead."

So I say

"Okay."

And then she says, "That's it? Okay? That's all you have to say? What is wrong with you? You leave, you leave for EIGHT YEARS, you left your mother alone with him and now he's dead and she needs you and all you have to say is 'okay'? What kind of daughter are you?"

ADRIANA *respira de manera lenta y dispareja.*	ADRIANA *takes slow, uneven breaths.*
Me sigue hablando pero yo sigo—	She's still talking to me but I'm still—
Mi papá está muerto	Dad's dead
Okey	Okay
Mi papá está muerto	Dad's dead
Okey	Okay
Mi papá está muerto	Dad's dead
Okey	Okay
Y ahora mi tía está llorando	And now she's crying
Ya no está emputada	She's not mad anymore
Me está diciendo que me vaya para la casa	She's telling me I have to come home
Que no he ido en mucho tiempo	I haven't been home in so long
Por favor por favor vente para la casa	Please please come home
Te necesitamos	We need you
Tú necesitas estar aquí	You need to be here
Ven en cuanto puedas	Come as soon as you can
Está muerto	He's dead

Tu papá está muerto

Por lo menos piénsalo ¿sí?

Así que namás le digo

Okey.

Ya me tengo que regresar a trabajar.

ꕥ

SARAH
Camino de los camastros hacia el mar, aunque sea nada más para escaparme del sonido de la voz ansiosa de Maddie haciendo listas de todas las calamidades que podrían suceder en la boda, y de la voz lenta e intensa de mi mamá, eligiendo a quién echarle la culpa por cada catástrofe imaginaria.

El viento está fuerte junto al agua, pero cálido, tan cálido y fresco. Ese aroma penetrante a mar, como el de nuestra ciudad, pero más dulce. Me meto caminando al agua.

Sé que me va a doler.

Entro, y las plantas de mis pies se hunden en la suave arena, se me mojan los tobillos, luego las pantorrillas.

Your dad's dead

Will you think about it?

So I just say

Okay.

I have to go back to work now.

ꕥ

SARAH
I walk from the beach loungers down to the ocean, if just to escape the sound of Maddie's anxious voice, listing all the possible calamities that could befall the wedding, and my mother's low, intense replies, choosing someone to blame for each imaginary catastrophe.

The wind is strong by the water, but warm, so warm and fresh. That sharp ocean smell, like home but sweeter. I walk into the water.

I know it's going to hurt.

I go in, the soles of my feet sinking into the soft sand, my ankles wet, then calves.

Okey.

Da un paso hacia el frente, sumergiendo una rodilla. Es increíblemente doloroso, y SARAH *tiembla del dolor.*

Limpiar la herida.

Volver a empezar.

Inhala profundamente, controlando sus lágrimas, sus náuseas.

O algo.

El viento sopla más fuerte y levanto mis cosas. Maddie me pregunta, «¿Estás bien?»

Le digo, «Sí, es que me acabo de rasurar las piernas y el agua de mar me ardió. Pero estoy bien».

Espero el interrogatorio, pero mi mamá ya empezó a hablar de las flores y si las van a refrigerar después de entregarlas.

Sip.

Estoy bien.

ADRIANA
Me urge escapar de mi oficina. La nube de malas noticias todavía

Okay.

She steps forward, submerging her knee. It's incredibly painful, it burns, and SARAH *shudders with pain.*

Clean the wound.

Start again.

She breathes deeply, fighting back tears, nausea.

Or something.

The wind picks up more and I grab my things. Maddie asks, "Are you okay?"

I say, "Yeah, I just shaved my legs, the salt water burns. I'm okay though."

I await an interrogation, but Mom has already started talking about whether the flowers will be refrigerated after they've been delivered.

Yep.

I'm okay.

ADRIANA
I'm desperate to escape my office, the cloud of bad news thick in the

se siente densa alrededor mío. Camino a hacer mis inspecciones de rutina, asegurándome de que todo está perfecto.

air around me, and I walk down to do my spot checks, make sure everything is perfect.

Elijo el piso de Ana porque sé que va a estar perfecto.

I choose Ana's floor because I know it will be perfect.

Entro a una habitación.

I step into a room

La cama impecable, las orillas tensas y rectas, las sábanas lisas y parejas, las almohadas perfectamente mullidas y simétricas. Bien.

The bed is pristine, edges tight and neat, sheets smooth and even, pillows perfectly plump and symmetrical. Good.

Reviso otra habitación.

I check another room.

Idéntica. Impoluta.

Identical. Flawless.

Reviso el espejo, impecable y brillante.

I check the mirror, spotless and gleaming.

Me veo en él.

I see myself.

Estoy vieja. ¿En qué momento me hice vieja?

I am old. When did I get old?

Siguiente habitación.

Next room.

Se murió mi papá pero hay habitaciones que revisar y calendarios que organizar y—

My father is dead but there are rooms to check and schedules to complete and—

El rugido de un trueno.

A crack of thunder.

ADRIANA Y SARAH
Está lloviendo.

SARAH
Digo, idiota, obviamente puede llover en cualquier lado pero—

ADRIANA
Ay no. No no.
Puta lluvia.
Puta madre.

SARAH
Vivimos en Vancouver, la lluvia es la razón por la que decidieron casarse en otro lado.

Así que esto está increíble.

ADRIANA
Cuando llueve, todos los huéspedes entran y caen en el bar como si fuera happy hour todo el día, mientras la otra mitad empieza a perseguir a cualquiera que traiga una playera bordada con el logo del hotel a pelear que les reembolsen algo, cualquier cosa.

"It's very disappointing" [«Esto es muy decepcionante»]

"It's very inconvenient" [«Es muy inconveniente»]

ADRIANA AND SARAH
It's raining

SARAH
I mean duh I guess, obviously it can rain anywhere but—

ADRIANA
No. No no.
Fuck rain.
Fuck.

SARAH
We live in fucking Vancouver, rain is why they decided on a destination wedding.

So, this is great.

ADRIANA
When it rains all the guests come in and hit the bar like it's happy hour all day, while half of them start walking up to anyone with a name tag cruising for a refund on anything.

"It's very disappointing" [«Esto es muy decepcionante»]

"It's very inconvenient" [«Es muy inconveniente»]

"Surely there must be something you can do!" [«Estoy seguro de que hay algo que puedan hacer»]

Luego, como en media hora, todos van a estar en sus cuartos chingando que sus sábanas no están limpias después de que los huevones salieron rodando de sus camas hace como una hora.

SARAH
Mi teléfono está vibrando. Es el grupo de Whatsapp, #MadYBrad.

BradAngieMamáAngieMaddie MaddieAngieBradMamáMamá MamáMamáMamáMamá y, de pronto, se convierte en ESTO ES UNA EMERGENCIA NIVEL QUINCE DE DIEZ.

No hicimos un plan por si llovía ¡Necesitamos una carpa! ¡Necesitamos botas de lluvia que combinen con el esquema de colores de la boda! Necesitamos paraguas que se vean bien en las fotos.

¡POR DIOS, ALGUIEN PIENSE EN LAS FOTOS!

ADRIANA
Tomo el radio, llamando a todas mis mucamas para que trabajen el doble, el triple de rápido y

"Surely there must be something you can do!" [«Estoy seguro de que hay algo que puedan hacer»]

Then in half an hour they're all going to be back in their rooms and bitching that their sheets aren't clean from when they rolled their lazy asses out of bed like an hour ago.

SARAH
My phone buzzes. It's the WhatsApp group, #MadandBrad.

BradAngieMomAngieMaddie MaddieAngieBradMomMom MomMomMomMom and suddenly it's a FIFTEEN OUT OF TEN EMERGENCY EVERYONE.

We didn't make a rain plan. We need a tent! We need rainboots that are in the colour scheme of the wedding! We need some umbrellas that will look good in the photos

MY GOD, WON'T SOMEONE THINK OF THE PHOTOS!

ADRIANA
I get on the radio, call all my maids to the floor to work double time, triple time, to get everything

logremos acabar todas las habitaciones antes de que suban los huéspedes
Marisol al quinto piso
Ximena al octavo piso
Dolores al sexto piso
¿Mi papá está muerto?
No.
Lola al cuarto piso.
Si necesitan ayuda, llámenme por el radio.

done before the guests come in
Marisol to fifth floor
Ximena to eight floor
Dolores to sixth floor
My father is dead?
No
Lola to fourth floor
If you need help, radio me.

SARAH
No puedo lidiar con esto, y tengo que salir de aquí antes de que alguien me encuentre y me obligue a ir a una junta de emergencia. Logro llegar a mi cuarto.

SARAH
I can't take this shit and I need to get out of here before anyone finds me and makes me have an emergency meeting. I make it back to my room.

ADRIANA
Estoy mareada y estoy temblando y me tengo que sentar, pero se supone que nadie nunca me puede ver sentada. Así que me meto volando a una habitación vacía y me siento en la cama, sólo un segundo.

ADRIANA
I'm dizzy and shaking and I need to sit down but no one is supposed to ever see me off my feet, so I swipe into an empty room and sit down on the bed, just for a second.

SARAH
Cierro los ojos.

Estoy aquí pero no estoy aquí.

El sonido se transforma. SARAH entra en una memoria.

SARAH
I close my eyes.

I'm here, but I'm not here.

Sound shifts. SARAH enters a memory.

Estoy acostada en mi cama, escuchando la lluvia golpear la ventana. Es lunes. Ha llovido treinta y tres días seguidos. Sin pensarlo, hablo al trabajo para decirles que estoy enferma. No voy a trabajar, pero no quiero ver a nadie, entonces publico en Facebook: «¡Viaje de última hora a Cancún! ¡Nos vemos al rato, Vancouver!»

I'm lying in my bed at home listening to the rain on my windowsill. It is Monday. It has rained for thirty-three days straight. Without a second thought, I call in sick. Now I've called in sick, but I don't want to see anyone, so I post on Facebook: "Last minute deal to Cancun! See you later Vancouver!"

Cierro cada cortina. Cierro la puerta con seguro. Me pongo mis pants favoritos y pongo mi álbum favorito.

I close every curtain. I lock my door. I put on my favourite album and my favourite sweatpants.

Me doy cuenta—puedo hacer lo que quiera.

I realize—I can do whatever I want.

Con un espasmo de pánico, abrupto y sospechosamente intenso, me doy cuenta de que no tengo una gota de alcohol en el departamento. Sopeso mis opciones cuidadosamente—dejar mi nido, aventurándome al húmedo mundo de afuera, versus una copa rebosante de delicioso vino tinto.

With a sudden, suspiciously intense pang of panic I realize I don't have a single drop of alcohol left in my apartment. I weigh it carefully—leaving my nest, braving the wet world outside, against a brimming cup of rich red wine.

Traigo mis calcetines de lana favoritos. Mi teléfono está apagado y no hay ningún lado en el que tenga que estar. Estoy completamente sola, invisible e inalcanzable en mi isla.

I'm wearing my favourite wool socks. My phone is off and I have nowhere to be. I'm all alone, unseen and unreachable on my island.

Me quedo adentro. Vine aquí para secarme.

I stay inside. I came in here to dry out.

ADRIANA

Estoy sentada abajo de un arbol junto a la casa en Chetumal, con Paco acostado junto a mí. Su cabeza es tan grande que me cubre las piernas, y está tan cómodo que babea. Le acaricio sus orejitas. Paco se despierta y mueve la cola un poquito, lamiéndome la mano. Huele a tierra mojada y me gusta.

Escribo mi nombre en la tierra con mi dedo, A-D-R-I-A-N-A.

ADRIANA

I'm sitting under a tree out front of my house in Chetumal, with Paco curled up next to me. His head is so big it fills my entire lap, and he's so comfortable he's drooling a bit. I stroke his little ears. Paco wakes up and wags his tail a little bit, licking my hand. It smells like wet dirt and I like it.

I draw my name with my finger on the ground, A-D-R-I-A-N-A.

SARAH

Me quedo en modo sobrio y suavecito durante cinco días. Ya es el fin de semana. Veo documentales. Hago yoga siguiendo un video de YouTube. Limpio el horno. Veo porno. Pido un autobronceador por internet y pago los quince dolares de envío sin chistar. Es lunes y, según el mensaje rasposo que le dejo a mi supervisor, sigo enferma. Pido comida china. Cuando llega, está en las manos de un adolescente lleno de cicatrices de acné. Le digo, «Eres la primera persona que he visto en una semana», y me dice, «Todo el mundo me está diciendo lo mismo».

SARAH

I stay in my sober, soft self for five days. It's the weekend now. I watch documentaries. I do yoga from a YouTube video. I clean my oven. I watch porn. I order self-tanner online and I pay the fifteen dollar shipping without question. It's Monday and I am still sick, according to the throaty voicemail I leave my manager. I order Chinese food. When it arrives it's in the arms of an acne-scarred teenage boy. I say, "You're the first person I've seen in a week," and he says, "People keep saying that to me."

ADRIANA
Me estoy escondiendo de mi mamá. Ha estado limpiando todo el día. Antes Itzel venía a hacer la limpieza, pero ya no. Ahora mi mamá es la que barre, la que trapea, y yo también. Trae el mandil especial que significa que es hora de que nos pongamos a trabajar.

Pero hoy no quiero. Cuando sale a buscarme, me ruega, me promete dulces, y me dice que puedo faltar el lunes a la escuela, pero le digo que no. Llora. Odio cuando llora. Se le abre la boca como a una rana idiota, y solloza como bebé. No sé por qué, pero cuando llora le quiero dar un puñetazo. Le quiero gritar o la quiero sacudir. Deja de llorar. Ya deja de llorar. «Por favor, mija, por favor» y, finalmente, le grito NO.

Me espero, preguntándome si me va a regañar o si me va a arrastrar adentro de la casa.

Pero sólo se amarra el mandil y vuelve a entrar. Me escondo horas, sólo yo y Paco y la lluvia.

SARAH
Cuando alguien toca a mi puerta, con fuerza, de inmediato

ADRIANA
I'm hiding out from Mami. She has been cleaning all day. We used to have Itzel to help us but she doesn't come anymore. Now Mami sweeps, she mops, and so do I. She's wearing her special apron that means it's time for us to get to work.

But today I don't want to. When she comes out to get me, she begs me, bribes me with candies and says I can stay home from school on Monday, but I say no. She cries. I hate when she cries. Her mouth falls open like a stupid frog, she wails like a baby. I don't know why but I want to punch her when she cries. I want to shake her or scream at her. Just don't cry. Just don't. "Please, sweetheart, please," and finally I just scream NO.

I wait, wondering if she's gonna yell at me or drag me into the house.

But she just ties her apron on and goes back inside. I hide out for hours, me and Paco and the rain.

SARAH
I'm instantly jolted into chow mein fear sweats when someone

comienzo a sudar chow mein y pánico. Se me ocurren muchas cosas como que quizás es mi jefe o mi mejor amiga y me descubrieron y me van a despedir o no, esa es una locura, seguro nada más están preocupados por mí y ah no mierda es el autobronceador. Le abro la puerta a una mujer que trae shorts color café. «Tuve que tocar tres veces». Le digo que perdón. Le pregunto si sigue lloviendo y ella me ve como si fuera idiota y me dice, «No. Acaba de parar».

knocks on my door, loud and hard. I think a thousand thoughts like maybe it's my boss or my best friend and they figured it out and I'm fired or that's crazy no they're probably just worried about me and then oh shit it's the self-tanner. I open the door to a woman in brown shorts. "I had to knock three times." I say I'm sorry. I ask her if it's still raining and she looks at me like I'm an idiot and she says, "No. It just stopped."

SARAH Y ADRIANA
Ya es hora.

SARAH AND ADRIANA
It's time.

ADRIANA
Escucho a mamá llamarme y me limpio las manos en Paco—a él no le importa—y entro a la casa. Todo huele a químicos. Me dice, «Tu papá llega en cinco minutos, lávate tus manos, por favor, mija». Le hago una cara y camino al baño y la escucho hacer un ruido de horror. Me volteo—se me olvidó limpiarme los zapatos en la jerga al entrar. Hay trozos de tierra machacados contra el piso de la cocina recién trapeado. Mi mamá toma una bocanada de aire para gritarme, cuando escuchamos la puerta del coche azotándose. Llegó temprano.

ADRIANA
I hear Mami call me and I wipe my hands on Paco—he doesn't mind—and come inside. The whole place smells like chemicals. She says, "Your father will be home in five minutes, wash your hands, please." I roll my eyes and walk to the bathroom and I hear her gasp. I turn around—I forgot to wipe off my shoes when I came in. Big clumps of dirt are crushed into the freshly waxed kitchen floor. Mama takes a breath to yell at me when we hear the car door slam. He's home early.

SARAH

Leo las instrucciones de la botella dos veces. Dice que hay que exfoliar primero para que el bronceador se esparza uniformemente. Asi que me preparo un baño caliente y tallo cada centímetro de mi cuerpo, arrancándome las capas de arroz frito y líquido limpia hornos y sudor de yoga y Netflix. Estoy como nueva, otra vez.

Estiro el brazo para alcanzar el autobronceador y me detengo, dándome cuenta de que nadie lo va a notar. Desaparecí una semana completa y no hubo consecuencias. Nadie me va a ver cuando regrese, no realmente.

Me quedo sentada en la tina hasta que el agua se enfría. Diez días de soledad flotan alrededor de mí, una capa grasosa sobre la superficie del agua.

Me toma mucho tiempo salir.

ADRIANA

Se tira al piso, tronándome los dedos para que le pase la cubeta y la jerga. Su respiración es rápida y apretada mientras recoge pedazos de tierra con la mano. Paco quiere ayudar, mueve la cola y se acerca a darle un beso

SARAH

I read the instructions on the bottle twice. It says to exfoliate first so the tan goes on even so I run a hot bath and scrub away at every inch of my body, shedding the layers of fried rice and oven cleaner and yoga sweat and Netflix. I'm new again.

I reach for the self-tanner and stop when I realize no one will notice. I disappeared for a full week without consequences. They won't really look at me when I come back, not really.

I sit in the bath until it gets cold. Ten days of solitude float in the bath around me, a greasy film on the surface of the water.

It takes a long time to get out.

ADRIANA

Mami hits the floor on all fours, snapping her fingers at me to grab the bucket and cloth. Her breath is quick and tight as she scoops up the clumps of dirt with her bare hands. Paco wants to help, he wags his tail and goes to

en la cara, pateando la tierra para todos lados. Lo jalo para alejarlo, pero sus patas torpes se resbalan en el piso limpio y voltean la cubeta. Escuchamos los pasos disparejos de mi papá. Escuchamos su mano sobre la perilla.

SARAH
Voy a trabajar. En el SkyTrain, todo el mundo está vestido de forma extraña. De pronto en shorts, aunque no hace calor; todavía con botas de hule viejas, por si acaso. Todos se ven tan frescos, tan presentes.

No debería de haber salido de mi departamento.

ADRIANA
Mi mamá se da por vencida, y no sé por qué, nomás me agarra y me abraza fuerte. Sus dedos apretando mi brazo tan duro que siento que mis huesos se van a partir. Él entra.

Le echa un solo vistazo al piso mojado y enlodado, y un vistazo a mi mamá.

Luego se va.

Ella se queda completamente quieta, pero puedo sentirla

kiss her face, scattering the dirt everywhere. I grab him to pull him away, but his clumsy paws slip on the shiny floor and knock over the bucket. We hear Papi's uneven footsteps. We hear his hand on the doorknob.

SARAH
I go to work. On the SkyTrain, everyone is dressed weird, suddenly in shorts even though it's not warm out, still in beat up rubber boots just in case. Everyone seems so fresh, so present.

I shouldn't have left my apartment.

ADRIANA
Mami gives up, and for no good reason she just grabs me and holds me tight. Her fingers gripping my arm so hard it feels like my bones will snap. He walks in the door.

He takes one look at the wet, muddy floor, and one look at Mami.

Then he walks away.

Mami stands perfectly still but I can feel her shaking, feel her

temblando, puedo sentir sus manos soltándome el brazo. No pasó nada ¿Por qué arma tanto escándalo cuando no pasó nada? Va a llorar. Toma una bocanada de aire profunda—

ADRIANA *toma aire, fuerte—se despierta.*

Rápidamente termina el cuarto, alisando sábanas, revisando todos los artículos. Está ocupada, parece precisa, pero se mueve con la pesadez de alguien mucho mayor.

Mientras tanto, SARAH *está quieta, sospechosamente quieta—no está dormida, sino en una especie de ausencia profunda, su respiración lenta, sus ojos perdidos en la distancia.*

El sonido de la lluvia.

hands slowly loosen their grip on my arm. Nothing happened. Why does she make such a fuss when nothing even happened? She's going to cry. She takes one deep breath—

ADRIANA *gasps—she wakes up.*

She quickly finishes up the room, smoothing the sheets, checking all of the items. She is busy, precise, but moving with the heaviness of someone much older than her.

Meanwhile SARAH *is still, suspiciously still—not asleep, but in a deep vacancy, her breath slow and eyes staring into the distance.*

The sound of rain.

ADRIANA
Estamos atorados aquí. Nos tenemos que quedar a dormir.

El camión no puede pasar.

La carretera está inundada y hay mucho peligro

Nos han tocado tormentas peores, pero esta lluvia está provocando un caos de todos modos.

Me aseguro de que mi equipo esté bien cuidado. Las divido en parejas para que puedan pasar la noche en habitaciones vacías. La gerencia quería meter a cuatro personas por habitación, pero pienso, no mamen el piso está completamente vacío, ¿qué les cuesta? Vuelvo a insistir. Cena de cortesía. Este lugar se caería sin ellas.

Marisol está emocionada. Qué gusto que por lo menos alguien aquí esté emocionado.

Siento que me podrían dar una cachetada y yo no lo sentiría

Me podrían incendiar el cabello

Gritarme en el oído

Estoy temblando y siento como que voy a vomitar

ADRIANA
We're stuck here for the night

The bus isn't coming.

The highway is flooded and it's not safe to leave.

We've seen worse storms, that's for sure, but this one is causing chaos nonetheless.

I make sure my girls are taken care of, pair them up in empty rooms so they can stay the night. Management wanted four to a room, but I say come on, the whole floor is empty, what difference does it make? I push again. Dinner, on the house. This place would be nothing without my girls.

Marisol is excited. I'm glad someone is.

I feel like you could slap me and I wouldn't feel it

Light my hair on fire

Scream in my ear

I'm shaking and I feel like I'm going to throw up.

Pero le sigo dando. Mi equipo trapea, sube y baja entre pisos con carritos de toallas y sábanas limpias para los huéspedes que entran empapados. Mi radio casi explota cada cinco minutos con alguna crisis.

But I keep going, my team mops the hallways, go up and down the floors with carts of fresh towels and sheets for the soggy guests, my radio almost explodes every five minutes with some new crisis.

Mi papá está muerto.

Dad's dead.

Nop.

Nope.

Tengo doce llamadas perdidas y un mensaje de voz, enfurecido de mi tía:

I have twelve missed calls and a voicemail, flaming hot from my aunt:

«Dejaste a tu mamá sola con ese hombre, nada más para irte a jugar a la huerfanita maltratada y limpiarles la cola a unos pinches gringos. Pues ya viene siendo hora de que te regreses, Adriana. Tu mamá te necesita, por dios. Regrésate, Adriana».

"You left your mother alone with him, pretending you're some abused little orphan while you shovel shit for Americans. Well. It's time to come home, Adriana. Your mother needs you, for god's sake. Come home, Adriana."

La noche que me fui, mi papá se asomó por la puerta para gritarme, «Si te subes a ese carro, en tu pinche vida se te ocurra regresar».

The night I left, my dad screamed through the door, "If you get in that car, don't you ever fucking come back."

Dudé. Sí dudé. Traía mi mochila con ropa en una mano, mi mamá agarrándome fuerte la otra. Me susurró al oído. «Hija, por favor. No te vayas».

I hesitated. I did. I had my clothes in a backpack in one hand, my mom holding tight to my other hand. She whispered in my ear. "Sweetheart, please. Don't go."

Me zafé y me subí al coche.

Me mudé con Nicolás, aturdida por la emoción de la huida, del trabajo nuevo, de la vida nueva.

Mi mamá me dejaba notas de voz en las que me rogaba, susurrando, que regresara. Susurraba porque le habían prohibido marcarme. Una semana más tarde, mi tía manejó hasta acá para llevarme de regreso. La vi en el lobby, dándole golpecitos al mostrador con impaciencia. Nunca se me va a olvidar la cara que puso cuando me vio con mi uniforme de mucama. No sabía. La vergüenza le escurría de la cara y me dijo, «Le voy a decir a tu mamá que no te encontré. Tu papá de todos modos no quiere que regreses».

Sus palabras me dolieron. Me dolió su rechazo, no su vergüenza.

Me sentí orgullosa de mí por primera vez en la vida, algo que mi familia jamás iba a poder entender. Orgullosa de pasar mis días junto a las personas más trabajadoras que he conocido. Nadie esperaba que durara tanto, especialmente porque el primer trabajo que me dieron fue

I shook her off and got in the car.

I moved in with Nicolas, high on the excitement of escape, a new job, a new life.

Mama left me whispered voicemails, begging me to come home, forbidden to speak to me. A week later my aunt drove all the way here to come bring me back. I saw her waiting at the front desk, tapping her feet on the tile. I will never forget her face when she saw me in my maid's uniform. She didn't know. Hot shame dripped from her tongue as she told me, "I'll tell your mother I couldn't find you. Your father doesn't want you to come home anyway."

Her words stung me with the hurt of rejection, but not of shame.

I was proud of myself for the first time in my life, something my family could never understand. Proud to spend my days alongside the hardest working people I'd ever met. No one expected me to last, especially when they started me as a maid. The other girls asked me every day, "When

como mucama. Las otras chicas me preguntaban todos los dias, «¿Cuándo te regresas a tu casa?» y yo me reía y les seguía el juego, pero en mi corazon la respuesta siempre fue—nunca.

are you going home?" and I'd laugh and play along, but I always knew my answer was—never.

Me subieron de puesto a ama de llaves, otra lección de humildad: tener que aprender, partirme el lomo para hacer que el paraíso sea perfecto.

I was promoted to the manager of the housekeeping department and humbled myself again, learning the ways, breaking my back making paradise perfect.

Bien rápido aprendí que no hay porqué avergonzarse de trabajar para vivir. En cambio, uno sí debería de avergonzarse por trabajar para vivir, beberse todo, y no dejarle nada a tu esposa e hija. Eso sí da vergüenza.

I learned quickly that there is no shame in working for a living. There is shame in working for a living and drinking it all away, leaving nothing for your wife and daughter.

También da vergüenza proteger a un hombre que

There is shame in protecting a man who

No.

No.

No voy a pensar en él.

I will not think about him.

Viví tres años con Nicolás. Después de la visita de mi tía, lloraba todas las noches hasta dormirme, lloraba todas las mañanas al despertar. No quería comer, no quería hacer el amor, no quería ni verlo a los ojos. Fue paciente. Y generoso y bueno.

I lived with Nicolas for three years. After my aunt's visit I would cry myself to sleep, cry when I woke up in the morning. I didn't eat, didn't make love, didn't look him in the eye. He was patient. He was kind and good. The night I made him cry, he said

La noche que lo hice llorar, me dijo, «Siento que fui yo el que te rompió el corazón, Adriana». Y entonces lo dejé ir, demasiado rota como para amar. Y luego, no hubo nada más que trabajo.

to me, "I feel like I'm the one who broke your heart, Adriana." And so I let him go, too broken to love. Then there was nothing but work.

Cuido a mi equipo, cuido el hotel. Hago que lo que estaba sucio, quede limpio.

I take care of my girls, I take care of this place. I make clean what was dirty.

SARAH

Apago mi celular. Van a enfurecer si ven que leí sus mensajes y las estoy ignorando. Cuelgo el letrero de "Do not Disturb" en la puerta y me acuesto en la cama. Enciendo la tele.

SARAH

I turn off my phone. If they see I've read their messages they will be furious that I'm ignoring them. I put the "Do Not Disturb" sign on my door and curl up in bed, turn on the TV.

El sonido de la lluvia, la tele bajita. Acostada en la cama:

Sound of rain, muffled TV. Lying in bed:

¿Por qué hago esto?

Why do I do this?

¿Por qué siempre hago esto?

Why do I always do this?

Ve por la biblia de la boda, el maldito documento sagrado con todos los itinerarios de la boda. Ve por él.

Get the wedding bible, the fucking holy document with all the wedding shit in it. Go get it.

Está sobre la mesa.

It's on the table.

Carga el maldito celular, abre la biblia de la boda, y ponte a trabajar.

Charge your fucking phone, open the wedding bible, and get to work.

¿Qué no te importa la boda de tu hermana?

Don't you care about your sister's wedding?

¿No te importa?

Don't you care?

No puedo.

I can't do it.

Pero, ¿por qué?

Why though?

¿Por qué?

Why?

Sale el sonido. SARAH *entra a una memoria.*

Sound out. SARAH *enters memory.*

Tengo dieciséis, y ella quince. Los jueves las dos tenemos madres extracurriculares así que intentamos tomar el autobús juntas a las seis, cuando las dos salimos. A veces funciona, a veces no. Normalmente, yo termino primero. Quién sabe por qué el club de «Salvemos a la tierra» siempre logra acabar temprano ¡Misión cumplida!

I'm sixteen, she's fifteen. On Thursdays, we both have after-school shit so we try to catch the bus together at six o'clock when we're done. Sometimes it works, sometimes it doesn't. Usually I finish first. Somehow the Save the Environment Club always manages to wrap up ahead of schedule. Mission accomplished!

A veces, camino al Starbucks y me pido algo (en mi taza ecológica para llevar, obvio). Hago tarea. Normal. Y Maddie sale, de mal humor como siempre, y caminamos a la parada. A veces nos peleamos porque nunca le compro nada, pero ella nunca trae su taza reusable. Normal.

Sometimes I walk to the Starbucks and get something (in my to-go mug, natch). Do homework. Whatever. And Maddie comes out, pissy, as usual, and we walk to the bus stop. Sometimes we have a big fight because I never get her anything, but she never has her reusable cup with her. Whatever.

Un día, dan las seis y no la veo. 6:15. Siento mariposas en el estómago y quizás es por el café o quizás es por algo más.

One day 6:00 passes and I don't see her. 6:15. There are butterflies in my stomach and maybe it's from the caffeine or maybe it's something else.

La gente cree que las adolescentes son idiotas, pero no son. Para nada.

People think teenage girls are stupid, but they're not. Not at all.

Regreso al Starbucks. Enjuago mi taza. Le compro un dolce de leche latte, que es su favorito. Me paro afuera. Sale a las 6:32.

I go back to the Starbucks. I wash out my mug. I get her a dolce de leche latte, her favourite. I stand outside. She comes out at 6:32.

Nos miramos. Y pienso, «Ahora. Hazlo ahora. Haz algo. *Haz algo*».

We look at each other. And I think, "Now. Do it now. Do something. *Do something.*"

Le digo «ten» y le entrego el latte.

I say "here" and hand her the latte.

Nos sentamos en el autobús en silencio.

We ride the bus in silence.

No hice lo que debería de haber hecho.

I didn't do what I should have.

Simplemente no puedo, por, no sé, por muchas razones.

I just couldn't, for, I don't know, reasons.

A veces simplemente no puedo.

Sometimes I just can't.

Se sienta y escucha el sonido de la lluvia.

SARAH *sits and listens to the sound of rain.*

ADRIANA
Marisol—otra vez—parada en

ADRIANA
Marisol—again—stands in front

frente de mí, nerviosa y tímida pero vibrando de emoción.

Le pregunto que qué necesita y se detiene un momento, mirándome fijamente, sorprendida.

«¡No eres tan vieja!» me dice.

Levanto una ceja (justo como mi mamá).

«Perdón, lo que quería decir era. Este. Pues yo pensé que usted era más vieja pero en realidad ya vi que no es, y lo que venía a preguntarle es algo que pensé que me iba a decir que no pero ahora pienso que a lo mejor me dice que sí?»

SARAH
Me asomo por la ventana y veo a dos chicas caminando por uno de los senderos. Una está saltando, riendo, hablando fuerte; la otra es lenta, estable, dando pasos largos junto a la primera. Se detienen un momento y luego empiezan a poner música con su celular y siguen caminando. Me recuerdan tanto a Maddie y a mí, compartiendo audífonos camino a la escuela. Las escucho riendo y luego desaparecen entre los árboles tropicales, sus voces desvaneciéndose.

of me, looking nervous and shy but vibrating with excitement.

I ask her what she needs, and she stops for a moment, staring right at me, surprised.

"You're not old!" she says.

I raise an eyebrow (just like Mama used to).

"Sorry, I mean like. Uh. I thought you were older but you're not actually and the thing that I was going to ask you I thought you would say no but now maybe I think you might say yes?"

SARAH
I look out my window and I see two girls walking down the path. One is bouncing, laughing, talking loud, the other one is slow and steady, striding next to her. They stop for a moment and then start playing music off one of their phones, and continue on down the path. They remind me so much of Maddie and me, sharing headphones on the walk to school. I hear them laugh, and they disappear under the canopy of tropical trees, their voices fading away.

ADRIANA
Caminamos por el senderito de árboles artificiales. Marisol me pregunta si traigo música en el celular y le doy por su lado. No sé por qué. Habla y habla y me doy cuenta de que se siente sola y que yo también.

Abro la puerta del lost and found y, en medio segundo, Marisol ya sacó todo y está buscando qué ponerse. Como nos vamos a quedar a dormir y los huéspedes están en las habitaciones, vamos a hacer una fiesta del staff. Me preguntó de forma muy tierna si podía tomar algo prestado para ponerse en la fiesta y le dije que sí. Ahora trae un vestido que es como tres tallas más chico, pero ya se subió el cierre y no parece tener planes de quitárselo.

SARAH Y ADRIANA
Salgo un momentito a tomar aire.

> ADRIANA *sale del lost and found, y* SARAH *sale del hotel. El sonido de la lluvia.*

SARAH
Huelo la lluvia, intento alcanzar a escuchar el sonido de sus voces, pero ya se fueron.

ADRIANA
We walk down the carefully crafted fake forest paths. Marisol asks me if I have music on my phone and I indulge her. I don't know why. She talks and talks and I realize she is lonely and so am I.

I unlock the door of the lost-and-found office and in a split second, Marisol has everything spread out all over the floor looking for something to wear. Since we're staying here anyway and the guests are all in their rooms, we're having a staff party. She asked me very sweetly if she could borrow something to wear for the party, and I said yes. Now she's holding up a dress that's like three sizes too small for her but she's got it done up and she's not looking back.

SARAH AND ADRIANA
I step outside for a moment to get some air.

> ADRIANA *steps outside, as* SARAH *does the same. The sound of rain.*

SARAH
I smell the rain, try to listen for the sound of their voices, but they're already gone.

ADRIANA
Estoy aquí pero no estoy aquí
Ocho años
Nunca tomo en resort ni con otros empleados
Nunca chismeo ni salgo de fiesta
Trabajo
Trabajo duro
Desaparezco
Estoy aquí pero no estoy aquí

Pero, ¿qué importa?
Ahorita, ¿qué importa?

No me voy a regresar a la casa.
No hay manera.
No quiero ir a una misa.
Ya no creo en nada.

No le voy a rogar a nadie que me perdone.

¿Que pasa cuando nos morimos?

Nada.
No pasa nada.
Te mueres. Te vas. Y ya.
No siento a Dios en ningún lugar en la tierra.
No hay nada aquí para Él.

Cuando te mueres, lo único que queda es la memoria de ti.

ADRIANA
I'm here but I'm not here
Eight years
I never drink at the resort or with co-workers
I never gossip or party
I work
I work hard
I disappear
I'm here but I'm not here

But what does it matter?
What does it matter now?

I'm not going to go home. It's not a question.
I don't want to go to church.
I don't believe in anything anymore.

I will not beg anyone for forgiveness.

What happens when we die?

Nothing.
Nothing happens.
You die. You're gone. That's it.
I don't feel god anywhere on earth.
There is nothing for Him here.

When you die, all that is left is your memory.

La memoria de la generosidad que diste.

Las cicatrices del trauma que causaste.

Y eso sigue vivo en las acciones de aquellos a los que tocaste.

Ese es el único Más Allá en el que creo.

Marisol sale corriendo por la puerta y me alcanza. «¡Pruébate este! ¡Se te va a ver bien!» Trae un vestido de lentejuelas tan corto que parece que es para un niño.

Veo su mirada abierta, la generosidad linda de la propuesta, y pienso pus la vida es corta. Todavía estoy joven, creo. Y ya nada me importa.

«Ta bueno, me lo pruebo».

SARAH
Me siento tan sola que no lo puedo soportar.

Observa.

The memory of the kindness you gave

The scars of the trauma you inflicted

And it carries forward through the actions of those you touched.

That is the only afterlife I believe in.

Marisol busts out the door and runs up to me. "I think maybe you should try this one!" She's holding up a sequined dress that looks like it's made for a child.

I see the openness on her face, the sweet generosity of her offer, and I think life is short. I'm still young, I think. And nothing matters to me now.

"Sure. I'll give it a try."

SARAH
I'm so lonely I can't stand it.

SARAH watches.

Música, fuerte—tan fuerte que las bocinas suenan jodidas, todo suena distorsionado.

ADRIANA
La fiesta es un lugar denso, caliente, sudoroso, y pedo

Se escucha el tronido de un relámpago y todos gritan, aúllan en respuesta. Los vatos de la cocina sacaron todas las sobras del restaurante que se iban a ir a la basura. La ropa y cabello de todos está empapada por la lluvia, y emanamos vapor, volviendo el aire espeso y caliente.

¿Será por eso que no puedo respirar?

Y entonces lo veo. A Nicolás. Está en camiseta, abrazado fuerte de alguna morra de recepción, bailando. Nuestras miradas se cruzan.

La música cambia, como si estuviéramos abajo del agua.

El crujido del pavimento bajo las llantas de su carro, mi papá gritándonos desde la puerta de la casa. Un bolero en el radio y el sonido de mi respiración, rápido

Music, loud—so loud the speakers sound blown out and busted, everything sounds distorted.

ADRIANA
The party is dense, hot, sweaty, and drunk.

There's a crack of thunder and everyone screams, howls in response. The kitchen guys have pulled out all the leftover food from the restaurant that was meant to go in the trash. Everyone's clothes and hair are soaked from the rain and steam rises off of us, making the air thick and hot.

Is that why I can't breathe?

And then I see him. Nicolas. He's stripped down to his undershirt, holding tight to some girl from reception, dancing. We lock eyes.

The music shifts, like it's underwater.

The crunch of the gravel under the wheels of his car, my father screaming in the driveway at us. A bolero on the radio and the sound of my breath, quick and

y raro. La mano de Nicolás agarrando la mía, la otra sobre el volante. El letrero, Cancún, cien kilómetros.

strange. His hand holding mine, the other one on the steering wheel. The street sign, Cancun, one hundred kilometres.

Quiero volver a sentirme como esa primera noche que me fui de Chetumal, cuando se sentía como que mi papá nunca me iba a volver a lastimar. Pensaba y pensaba—ya pasó. De veras ya se acabó. Para nada se acaba realmente.

I want to feel the way I did the first night away from Chetumal, where it felt like my father could never hurt me again. I kept thinking—it's over. It's really over. But it's never over.

La música nos devuelve al presente.

The music returns us to the present.

Me abro paso a empujones hacia el bar, que en realidad nada más es una mesa cubierta por un montón de botellas que han ido apareciendo quién sabe cómo, y me preparo un trago. Siento el alcohol caliente quemarme la garganta, la lluvia tibia empaparme los brazos y el cabello. Siento la mirada de Tomás, de recepción, al que odio sin razón. Me dice, «Nunca ta había visto con el cabello suelto», y yo sigo tomando. Siento la tela chafa del vestido apretada, siento mi cuerpo soltarse con la música, y el cosquilleo del alcohol, y soy una cosa temblorosa, desmadrosa y viva.

I push my way to the bar, which is really just a table covered in a bunch of random bottles of booze that have appeared somehow, and make myself a drink. I feel the hot alcohol burn my throat, the warm rain soak my arms and hair, feel the gaze of Tomas from reception who I hate for no reason as he tells me, "I've never seen you with your hair down before," and I drink more. I feel the tight cling of the shitty dress, feel my body loosen with the sound of the music and the tingle of alcohol, and I am shaking and messy and alive.

Y de la nada Nicolás está ahí, jalándome a la pista de baile, y de pronto estoy en sus brazos. Sus profundos ojos cafés en los míos, y miro para otro lado, pero bailar con él es como una memoria, como un instinto. Nuestros cuerpos trabados uno contra el otro; siento sus respiraciones, profundas y parejas, y él puede sentir las mías, cortas, superficiales e inquietas. Sube su mano por mi cuerpo hasta mi mejilla y me hace voltearlo a ver.

And suddenly Nicolas is there, pulling me onto the dance floor, and suddenly I'm in his arms, his deep brown eyes looking at mine, and I look away but dancing with him is like a memory, like instinct. Our bodies locked together, I can feel his breaths, deep and even, and he can feel mine, shallow and struggling. He pulls his hand up my body to my cheek and makes me hold his gaze.

«¿Qué pasó, Adri?»

"What's wrong, Adri?"

Porque me conoce. Sabe. Lo miro. Le miento.

Because he knows me. He knows. I look up at him. I lie.

«Nada. Vámonos, ándale».

"Nothing. Let's get out of here."

SARAH
Afuera sigue lloviendo, pero ya no me puedo quedar sentada en mi cuarto de hotel sola. No tengo ganas de hablar de la maldita boda, entonces no puedo hablar con nadie que conozco.

SARAH
It's still raining outside but I can't sit alone in my room any longer. I don't feel like talking about the fucking wedding so I can't talk to anyone I know.

Y nunca vamos a hablarlo

And we're never going to talk about it

no podemos

we can't

Cómo puedes hacer como que tu problema más grande es broncearte parejo

How could you pretend your biggest problem is tan lines?

Me pongo mis chanclas y salgo corriendo.

Ay, dios

La lluvia está tibia.

Alcanzo a dar unos diez pasos y ya estoy empapada hasta los huesos por esta lluvia tropical cálida y no es como en Vancouver.

Estoy corriendo por el camino de madera hacia el área de alberca

Relámpagos. Truenos.

Carajo

Se ríe

Me asustó
Lo logré
No hay nadie aquí
Salto al agua

ADRIANA
Nicolás sobándome la espalda las noches que lloré, ¿qué estoy haciendo aquí? Mensajes de voz: mi papá diciéndome que me va a matar si me vuelve a ver, mi mamá murmurando, rogándome que regrese. Llorando frente a la puerta de casa de Nicolás mientras le digo que estaría mejor sin mí y sin mi caos.

I put on my sandals and run outside.

Oh my god

The rain is warm.

I get like, ten steps outside before I'm soaked to the bone with this warm tropical rain, and it's not like at home.

I'm racing down the wooden pathways to the pool area

Lightning. Thunder.

Oh fuck

She laughs

That scared me
I made it
There's no one here
I jump in

ADRIANA
Nicolas rubbing my back when I cried at night, what am I doing here? Voicemails: my dad telling me he'll kill me if he sees me again, my mother whispering, begging me to come home. Crying on Nicolas's steps, telling him he'd be better off without me and my chaos.

SARAH
El agua también está tibia, iluminada por luces azules raras. Abro los ojos y todo está quieto, en calma. Mi cabeza rompe la superficie justo cuando—

Otro destello de un relámpago.

Las gotas de lluvia rebotan contra la superficie del agua, agua tibia mezclándose con agua azul de cloro de alberca y mi cuerpo flotando encima. Si me pegara un rayo, no me enojaría. No me enojaría para nada.

Truenos.

ADRIANA
Me abraza más fuerte, pero no deja de bailar; pone su mano atrás de mi cabeza y me murmura al oído, «Bueno, vamos».

Un relámpago.

No se tarda un segundo, me saca, rápido, bailando, por la puerta, lejos de los fumadores, debajo de una palmera grande.

Lo beso

respirando fuerte como si le estuviera robando oxígeno de sus

SARAH
The water is warm too, lit up with weird blue lights. I open my eyes and it's still, calm. My head breaks the surface just as—

Another flash.

The raindrops are bouncing off the surface of the water, warm rain mixing with chlorinated blue of the pool and my body floating on the top. If I was struck by lightning now I wouldn't be mad. I wouldn't be mad at all.

Thunder.

ADRIANA
He holds me tighter but doesn't stop dancing, puts his hand on the back of my head and whispers in my ear, "Okay, let's go."

Lightning.

He doesn't miss a beat but whisks me, dancing, out the door, away from the smokers and underneath a big palm tree.

I kiss him

gasping like I'm stealing the oxygen from his lungs to feed my

pulmones para alimentar a mi cuerpo egoísta.

Me pregunta si estoy bien y le digo

Sí

No

Sí

No

Lo vuelvo a besar, embarro mi cuerpo contra el suyo, alcanzando la hebilla de su cinturón, viviendo la vida de otra mujer a la que no se le murió su papá, que se ríe fuerte, que cree en Dios.

Me dice, «¿De veras quieres?»

Un trueno.

Sí.

SARAH
Estoy flotando bocarriba

mi cabeza inclinándose más y más atrás, por debajo de la superficie

si no fuera por las gotas de lluvia, sentiría como si estuviera volando

greedy body.

He asks me if I'm okay and I say

Yes

No

Yes

No

I kiss him again, press my body into his, reach for his belt buckle, living some woman's life whose father isn't dead, who laughs out loud, who believes in God.

He says, "Is this what you want?"

Thunder.

Yes.

SARAH
I'm floating on my back

my head dipping further and further below the surface

if it weren't for the raindrops I would feel like I was flying

agua cálida abajo de mí, viento cálido arriba

un corazón como de piedra jalándome hacia la profundidad

y entonces escucho algo

ADRIANA solloza.

SARAH
Como alguien asfixiándose
o ahogándose
sollozando
y, entonces, lo veo

ADRIANA está platicando con NICOLÁS.

ADRIANA
No, estoy bien, síguele, hay que seguir

SARAH
Él la está agarrando con fuerza
ella está jalándole la playera
es brusco
demasiado brusco
y ella está llorando

ADRIANA
No, no quiere platicar, quiero que me cojas

SARAH
Algo no está bien
Algo no está bien

warm water below me, warm wind above

a heart like a stone pulling me under

and then I hear something

ADRIANA sobs.

SARAH
Something like choking
or gagging
sobbing
and then I see it

ADRIANA is talking to NICOLAS.

ADRIANA
No I'm fine, keep going, let's keep going

SARAH
He's holding her tightly
she's pulling on his shirt
it's rough
too rough
and she's crying

ADRIANA
No, I don't want to talk, I want you to fuck me

SARAH
Something's wrong
Something's wrong

ADRIANA
¡Nicolás!

SARAH
Qué estoy viendo
Qué estoy haciendo

ADRIANA
No te vayas, no me dejes
Nicolás
Se murió mi papá

SARAH
Se separan y ella se derrumba
Él la sostiene mientras ella vomita
le acaricia el pelo

ADRIANA
No, no quiero agua

SARAH
Ay, Dios mío haz algo
Ay Dios mío haz
Algo

ADRIANA
¡Ya ya bueno ya vete!
¡Vete!
Puta madre . . .
Puta madre . . .

SARAH
¿Hola?

SARAH, parada junto a la alberca y ADRIANA se miran por encima del agua.

ADRIANA
Nicolas!

SARAH
What am I looking at
What am I doing

ADRIANA
Don't go away, don't leave me
Nicolas
My dad is dead

SARAH
They separate and she collapses
He holds her while she throws up
strokes her hair

ADRIANA
I don't need water, no

SARAH
Oh my god do something
Oh my god do
Something

ADRIANA
Fine just go!
Go!
Oh god . . .
Oh god . . .

SARAH
Hello?

SARAH, standing up in the pool, and ADRIANA lock eyes from across the water.

ADRIANA Y SARAH
¿Hay alguien ahí? / Estas bien?

Relámpagos. Truenos.

FIN DEL PRIMER ACTO.

ADRIANA AND SARAH
Is someone there? / Are you okay?

Lightning flashes. Thunder.

END OF ACT ONE.

Segundo Acto

El sonido de un trueno. Vemos a ADRIANA *y* SARAH *justo donde las dejamos.*

ADRIANA *imagina.*

ADRIANA
La tomo de la mano y le digo «vámonos»

Vamos al valet parking por su carro rentado caro

Me deja navegar porque yo conozco la zona

Y nos vamos

Por la carretera

El sol sale, iluminándonos por el lado izquierdo

Luz dorada, rosa, aclarando el cielo azul marino, calentando el horizonte

Act Two

A crack of thunder. We see ADRIANA *and* SARAH *right where we left them.*

ADRIANA *imagines.*

ADRIANA
I take her hand and I say "let's go"

We get her fancy rental car from the valet parking

She lets me drive, 'cause I know the roads

And away we go

Down the highway

The sun comes up over our left shoulders

Golden light, pink, lighting up the dark blue sky, warming up the horizon

Mira fijamente por la ventana con la boca abierta	She stares out the window, mouth open
Nunca ha visto algo como esto	She's never seen anything like that
Volamos por la costa	We rip down the coast
Pasando por las atracciones para turistas y las pirámides de mentiras	Past the tourist traps and fake pyramids
Le subo al radio	I blast the radio
Manejamos todo el día	We drive all day
Hablamos de vatos y del trabajo	We talk about boys and work
Sobre las pinches bodas y sobre tener que ir a misa	Stupid weddings and having to go to
Hoy no está lloviendo y el sol pega duro contra la tierra, que está limpia, recién trapeada.	It's not raining today, and the sun beats hot on the fresh earth, scrubbed clean
Tomo la salida para Chetumal.	I take the exit for Chetumal.
Llegamos a mi casa	We come up to my house
Y la panza se me sume	And my stomach drops
A lo mejor esto fue un error	Maybe this was a mistake
Ha pasado tanto tiempo y de la nada estoy aquí	It has been so long, and suddenly I'm home again
Con esta morra que huele a loción de vainilla	With this girl who smells like vanilla hand cream

Con su pedicure empolvado por
la banqueta terrosa

Paco me ve y corre hasta el
coche, ladrando, moviendo la
cola tan fuerte que duele cuando
pega contra mis piernas

Mi mamá está cocinando Tikin
Xic, que es mi comida en los días
lluviosos

Está parada junto a la estufa
cuando toco el timbre

Me deja pasar como si el tiempo
no hubiera pasado

Como si nada hubiera pasado.

Dice que sabía que veníamos las
dos y que cocinó para tres

Mi mamá siempre sabe

Prendemos velas y comemos
hasta que no nos podemos mover

Mi mamá y yo señalamos cosas
y decimos cómo se dicen, y ella
repite la palabra en su español de
gringa y nos reímos, nos reímos

Veo mi casa como si fuera la
primera vez

Her perfect pedicure already
dirty from the dusty sidewalk

Paco sees me and runs, barking,
to the car, wagging his tail, and it
whips against my legs and stings

Mama is cooking tikin xic, my
favourite when it rains

She's standing by the stove when I
ring the doorbell

She lets me in like no time has
passed

Like nothing has happened.

She says she knew we were
coming, so she cooked for three

My mama always knows

The three of us light candles, eat
until we can barely move

Mama and I point to things and
tell her the word, and she repeats
it back in her white girl español
and we laugh, we laugh

I see my home like for the first
time

El cuadrito barato de la Última Cena
que compramos en un tianguis

Platos quebrados

No siempre fue así, pero pues . . .

Tenemos tanto ante los ojos de unos;
y tan poco ante los ojos de otros

Más comida, más bebida, más risas

Es la invitada perfecta y sirve ella
misma el café para que mi mamá
descanse

El sol se está poniendo y nos lo
tomamos afuera el patio

Ya está oscuro

Y nos metemos a mi cuarto

Que está justo como lo dejé hace
ocho años

Mamá está dormida, hablamos
bajito

Escogemos ropa para ponernos

Jeans pegados y blusas de noche

Mis zapatos favoritos que dejé aquí

Cheap street market print of the
Last Supper

Cracked plates

It wasn't always like this, but . . .

We have so much to some, and so
little to others

More food, more drinks, more
laughing

She's a perfect guest, and serves
the café so Mama can rest her feet.

The sun is setting and we drink it
on the patio

It's dark out now

And we retreat to my room

Just how I left it eight years ago

Mama is asleep, so we have to be
quiet

We pick out clothes to wear

Tight jeans and halter tops

My favourite shoes that I never
came back for

Nos convertimos en obras de arte

Contorno, iluminador, arcos
perfectos de delineador

Cejas como arcos y flechas, labial
perfecto

Listas

Desde una cuadra antes se
alcanza a escuchar el grupo

Abrimos la puerta y todas las
cabezas voltean hacia nosotras

La pista de baile se divide para
dejarnos pasar hacia la barra

La morra va a sacar su cartera,
pero le digo, hoy no necesitas eso

Trueno los dedos

Y aparece chupe en mi mano

Ella lo intenta y sip, también
consigue uno

Los hombres se amontonan
alrededor de nosotras y yo escojo
uno y me lanzo a la pista

Nos ve bailar

y sé lo que está pensando

We make ourselves into works of art

Contour, highlighter, perfect
eyeliner arcs

Eyebrows like bows and arrows,
lipstick sharp

We're ready to go

We can hear the band from half-
way down the block

We open the door and every head
turns our way

We part the dance floor as we
head for the bar

She goes to get her wallet but I
say not tonight

I snap my fingers

And a drink appears in my hand

She tries it and sure enough, she
gets one too

The men crowd around us, and I
choose one and hit the floor

She watches us dance

and I can tell what she's thinking

«¿cómo saben qué hacer?»

y no sé qué decir

nomás sabemos y ya.

El grupo anda con todo

el chupe no para

ella se está riendo, está impresionada, eufórica

ya le encantó este lugar

ya se le olvidó que existe el resort.

Y, de pronto, está aquí

Nicolás

parado en la entrada del antro

tan guapo que me tiemblan las rodillas

se me acerca, me rodea la cintura con su brazo, me susurra al oído

«te amo, Adriana, te amo te amo te amo»

y le digo

«sí, sí, sí, yo también te amo y ya no estoy jodida, estoy lista, nos vamos

"how do they know what to do?"

and I don't know what to say

I just do.

The band is hot

the drinks keep coming

she's laughing, amazed, exhilarated

she loves this place now

the resort long forgotten.

And then he's here

Nicolas

standing in the doorway of the club

looking so handsome my knees buckle

he comes to me, arm around my waist, whispering right in my ear

"I love you, Adriana, I love you I love you I love you"

and I say

"yes, yes, yes I love you too and I'm not fucked up anymore, I'm

a vivir juntos y nos largamos de
Cancún, para que yo ya no huela
a limpiador y ya no voy a buscar
peleas contigo cuando tenga miedo
y nunca te voy a volver a romper
el corazón, y nunca voy a gritar
y nunca voy a llorar, voy a estar
contigo y voy a ser feliz»

nos besamos

me toma la mano y me saca por
la puerta para irnos a su casa y
hacer el amor como cuando yo
era una persona completa.

La morra gringa nos persigue,
corriendo, dando taconazos
contra el piso

«¡espérate!» dice «¡no me puedes
dejar aquí, estoy peda no puedo
manejar y no sé dónde estoy!» me
dice «¡Pensé que éramos amigas!»

Le quito su cabello rubio pre-
cioso del cuello para poder
susurrarle directito al oído

«Y a ti quién vergas te dijo que
éramos amigas».

Un trueno. Vemos a ADRIANA *y a* SARAH *justo donde las dejamos.*

ready now, we can live together
and leave Cancun and I won't
smell like chemicals and I won't
start fights with you when I'm
scared and I won't break your
heart ever again, I will never yell
and I will never cry, I will be with
you and we will be happy"

we kiss

he takes my hand and leads me
out the door so we can go home
and make love like we did when I
was still a whole person.

She comes running after, high
heels slapping on the tile floor

"wait!" she says "you can't leave
me here, I'm too drunk to drive
and I don't know where I am!" she
says "I thought we were friends!"

I push her beautiful blond hair
away from her neck so I can
whisper right in her ear

"You are not my fucking friend."

A crack of thunder. We see ADRIANA *and* SARAH *right where we left them.*

SARAH imagina.

SARAH
Espero parada detrás de un árbol

Ella se levanta, esperando a que el hombre regrese

Y sí, regresa, tambaleándose por la orilla de la alberca

y PUM

lo golpeamos fuerte en la parte de atrás de la cabeza

y se desmaya.

Lo subimos a uno de los carritos de la limpieza

es de madrugada

ya se acabó la fiesta

y sólo estamos nosotras y él.

Le amarro las muñecas con bolsas de basura y ello lo amordaza con un trapo

le pasamos amoniaco frente a la nariz hasta que se despierta, inhalando fuerte

«Hola», le dice ella. «Es hora»

SARAH imagines.

SARAH
I wait behind a tree

She stands, waiting for him to come back

And he does, staggering across the pool deck

and BAM

we hit him hard in the back of the head

and he's out.

We load him onto a housekeeping cart

it's the middle of the night

the party is over

and it's just us and him.

I tie his wrists with garbage bags while she gags him with a washcloth

we wave ammonia under his nose until he gasps awake

"Hello," she says to him. "It's time."

Lo arrastramos a la orilla de la alberca y le sumergimos la cabeza bajo el agua, nada más dos o tres segundos cada vez

lo escuchamos jadear conforme el trapo se llena de agua

vemos sus fosas nasales abrirse, respirando desesperadas

«¿Otra vez?» dice ella y él grita su respuesta:

No

Así que lo hacemos otra vez.

Nos aburrimos después de un rato y, aparte, mojado pesa más

Entonces lo arrastramos a los camastros y lo amarramos ahí

DEJA DE LLORAR

Le doy una cachetada, pero ella me recuerda que vayamos lento

Pero estoy furiosa, estoy tan enojada; quiero descontrolarme, quiero hacerlo pedazos, pero ella me dice, no, respira, y me dice, «Tengo una mejor idea».

Rebuscamos en el carrito, a ver qué cosa divertida hay

We drag him to the edge of the pool and hold his head underwater, just for two, three seconds at a time

we hear him wheeze as the washcloth fills with water

his nostrils flare with desperate breaths

"Again?" she says, and he screams his response:

No

So we do it again.

This gets boring, and he's heavier when wet

So we drag him to the deckchairs and tie him down

STOP CRYING

I slap him, but she reminds me to take it slow

But I am mad, I am so so fucking mad, I want to lose it, I want to rip him to pieces, but she says no, breathe, and she says, "I have another idea."

We dig through the cart for something fun

Unos rastrillos baratos de cortesía

Ella dibuja una flor, un sol, un
abejorro

Retratitos punteados con gotitas
de sangre

huele feo,

aterrado, enfermo,

a colonia y miedo

se mea y entonces se queda callado

Le quitamos los jeans empapados
de orina, la camiseta manchada

Nos reímos y nos reímos de él

Ella saca una botella de cloro del
carrito y sacudimos algunas gotas
hacia él, mirándolo hacer muecas
de dolor

Le lanzo basura encima: condones
viejos y pañuelos ensangrentados

Pero creo que ya tuvimos suficiente

Ella saca su celular y lo enfoca

«Ahora, platícale a la cámara lo
que hiciste

Some shitty hospitality razors

She draws a flower, a sun, a
bumblebee

a little portrait dotted with little
drops of blood

he smells

terrified, sick

cologne and fear

he wets himself and goes quiet

We pull off his piss-soaked jeans,
his stained undershirt

We laugh and laugh at him

She pulls a bottle of bleach off the
cart and we flick it at him, watch-
ing him wince

I dump trash on him, old con-
doms and bloody tissues

But I think we've had enough

She gets out her phone and puts
him in the crosshairs

"Now tell the camera what you did

Platícanos

a todos.
Porque si no.
si
No»

Él inhala y—

Un relámpago. Un trueno.

ഗ

SARAH
¿Bueno?

ADRIANA y SARAH se miran fijamente, paralizadas.

ADRIANA / SARAH
¿Hay alguien ahí? / Estás bien?

SARAH
¿Hola?

ADRIANA
¿Quién está ahí?

SARAH
¿Necesitas ayuda?

ADRIANA
¿Perdón?

SARAH
¿Es—estás bien?

Tell us

tell everyone
Or else.
or
else"

He takes a breath and—

Lightning flashes. Thunder.

ഗ

SARAH
Hello?

ADRIANA and SARAH stare at each other, frozen.

ADRIANA / SARAH
Is someone there? / Are you okay?

SARAH
Hello?

ADRIANA
¿Quién está ahí?

SARAH
Do you need help?

ADRIANA
¿Perdón?

SARAH
Are you okay?

ADRIANA
Sí, estoy bien.

SARAH
Estabas llorando.

ADRIANA
¿Perdón?

SARAH
Estabas llorando, te vi llorando.

ADRIANA
Ah. Estoy bien, señorita. No se preocupe.

SARAH
Ah—trabajas aquí, ¿verdad?

ADRIANA
Estem

SARAH
Ya te había visto. Eres una sirv— Trabajas aquí. ¿Te vi en mi cuarto? ¿Soy la de la, eh, la de las sábanas?

ADRIANA *no dice nada.*

¿Estás bien?

ADRIANA *no dice nada.*

Te vi, con—con el hombre ese. Los vi.

ADRIANA
Yes, I'm okay.

SARAH
You were crying.

ADRIANA
Pardon me?

SARAH
Crying, you were crying.

ADRIANA
Oh. It's okay, ma'am. Don't worry.

SARAH
Oh—you work here, right?

ADRIANA
Um

SARAH
I recognize you, you're a m— You work here. You were in my room, before? With the um with the sheets?

ADRIANA *doesn't say anything.*

Are you okay?

ADRIANA *doesn't say anything.*

I saw you, and—that man. I saw you.

ADRIANA
Ah—me disculpo.

SARAH
No, no te disculpes.

ADRIANA
Tenemos fiesta. Es que ahorita no estoy trabajando.

SARAH
No, no, no te voy a—no te voy a reportar ni nada. Claro que no—

ADRIANA
Gracias, señorita.

SARAH
Pero vi todo. ¿Me explico?

Beat

Cómo te llamas?

ADRIANA *no contesta. Entonces* SARAH *le ofrece información:*

Me llamo Sarah. ¿Quieres—quieres que le llame a alguien o algo? O, también, renté un coche, te podría llevar a alguna clínica, o—este—pues. Yo sé que estas cosas nunca suceden como deberían,

ADRIANA
Oh—I'm sorry.

SARAH
No, don't be sorry.

ADRIANA
There is a party. I'm not working.

SARAH
No, no I'm not going to—not going to report you or anything. Of course not—

ADRIANA
Thank you, ma'am.

SARAH
But I saw everything. Do you know what I mean?

Beat.

What's your name?

ADRIANA *doesn't answer, so she offers:*

I'm Sarah. Is there—is there someone you want to call, or? Or I have a rental car, I could drive you to a clinic, or—um—I just. I know that these things don't go the way they're supposed to but if

pero si te puedo ayudar de cualquier forma—te puedo este. Estoy hablando demasiado.

I can help in any way—I um. I'm talking too much.

¿Estás bien?

Are you okay?

ADRIANA
Discúlpeme, señorita, no estoy entendiendo—

ADRIANA
I'm sorry, ma'am, I don't understand—

SARAH
Sarah, dime Sarah, por favor. ¿Cómo te llamas?

SARAH
Sarah, call me Sarah. Please, what's your name?

ADRIANA
Adriana.

ADRIANA
Adriana.

SARAH
Adriana.

SARAH
Adriana.

SARAH hace un gesto hacia ADRIANA.

SARAH reaches to ADRIANA.

Dime cómo te puedo ayudar.

Tell me how to help.

ADRIANA
No le diga a nadie.

ADRIANA
Don't tell anybody.

ADRIANA imagina.

ADRIANA
Tomo el camión

Cancún-Chetumal
Se tarda un chingo

Está atiborrado de gente, niños trepándose por los asientos

Suena el radio a todo volumen, señoras gritando para que las oigan

Ya sé que no voy a llegar a tiempo

Pero a la mejor no me lo voy a perder completo

Por fin llego a Chetumal

Tengo tantas ganas de ir al baño que siento que me voy a orinar

La casa está más cerca, entonces paso ahí primero

Todavía tengo mi llave

Abro la reja, la puerta

No hay nadie

Han de seguir todos en la misa

ADRIANA imagines.

ADRIANA
I catch the bus

Cancun to Chetumal
It takes for fucking ever

Crammed full of people, kids climbing over seats

The radio loud, señoras shouting over it

I already know I won't make it on time

But maybe I won't miss the whole thing

I finally get to Chetumal

I need to go so badly I think I'm going to piss myself

The house is closest, so I go there first

I still have my old key

I open the door

No one is there

They're probably all at mass

Entro, corro al baño	I step inside, run to the bathroom
Mientras me lavo las manos, me veo en el espejo	As I wash my hands I look at myself in the mirror
Qué pinche vieja me veo	I look fucking old
Entro a la sala	I step out into the living room
Y se me para el corazón un momento	My heart stops for a second
Siento que lo estoy viendo	I think I see him there
Siento que escucho su voz	I think I hear his voice
No	No
O por lo menos creo que no	At least I don't think so
El altar está puesto	The altar is all laid out
Mi mamá siempre lo pone bien	Mama always does it right
las velas huelen a caliente	the candles still smell hot
Vasos, copas por todos lados	Cups, glasses everywhere
Huele a tequila	It smells like tequila
Seguro que todos sus pinches amigos del trabajo vinieron	All his fucking friends from work probably showed up
Está tan silencioso	It's so quiet
No era así cuando él vivía aquí	It was never quiet when he was here

Siempre tomando, cantando, roncando	Always drinking, singing, snoring
El sonido de gritos	Shouting
Insultos	Screaming
Golpes	Banging
Qué bonito es	It's beautiful
Hileras de botellas de vidrio con flores	Rows of flowers in glass bottles
Veladoras coloridas junto a la foto de mi papá, una cruz protegiendo el espacio	Colourful candles next to his picture, a cross watching over the scene
Y entonces, lo veo	And then I see it
Un angelito de juguete	A little toy angel
Que pinté en la escuela cuando tenía siete	Painted by me in school when I was seven years old
Mi papá la tenía guardada en su ropero	He kept it in his dresser
La rompió un día que estaba borracho	He broke it once when he was drunk
Él no podía parar de llorar y yo tampoco	He couldn't stop crying and neither could I
Mi mamá lo pegó con pegamento	Mama glued it back together

Y la escondió	And hid it from him
Lo tomo en mi mano	I take it in my hand
Pesa	It is heavy
Lo azoto contra el piso	I smash it to the ground
Grito cuando se hace trizas	I scream when it shatters
Pateo las velas	I kick over the candles
Riego tequila por todos lados	spill the tequila everywhere
Escupo donde hace rato pusieron su cuerpo	spit on the spot where his body lay
Te odio	I hate you
Te odio chingadamadre	I fucking hate you
Y luego me doy la vuelta	And then I turn around
Porque mi mamá está ahí	Because Mama is there
Un montón de gente está atrás de ella, viéndome, pasmados	A dozen people behind her, staring, shocked
Los veo verme	I see them see me
Con mi uniforme del trabajo	In my work uniform
Rodeada de vidrio roto	Surrounded by broken glass
Mi mamá dice	She says

Adri, ¿qué haces? ¿por qué?	Adri, what are you doing? Why would you do this?
Y le digo	And I say
¿Por qué NUNCA hiciste nada?	Why didn't you ever DO something?
¿Por qué te quedaste?	Why did you stay here?
¿Por qué?	Why?
¿Por qué?	Why?
Y ella me dice	And she says
«¿Por qué me dejaste?	"Why did you leave me behind?
¿Por qué me dejaste sola con él?	Why did you leave me alone with him?
Me quedé nomás para protegerte	I only stayed to protect you
Y luego que te fuiste	And after you left
se puso peor	everything got worse
Todo	Everything
se puso peor	got worse
¿Qué clase de hija eres?»	What kind of daughter are you?"
Mis tíos y tías hacen caras, sacudiendo la cabeza, avergonzados.	The tios and tias behind her shake their heads at me, ashamed.

La llamita de la última veladora del altar tiembla y se apaga.

The last candle on the altar flickers and goes out.

ꕥ

SARAH imagina.

SARAH imagines.

SARAH

Mi hermana y mi mamá se sientan a desayunar

Mi hermana está emputada, le está temblando la boca como le tiembla cuando está tratando de controlar su enojo

Mi mamá molesta, tensa

Madison dice

«Si nos llamaste para decirnos que ya no quieres ser dama, ya no es momento»

Mi mamá dice

«Bueno, ya, Sarah, ¿qué quieres?»

Madison dice

«Tienes la rodilla jodida, parece que no has dormido desde que llegamos».

Mi mamá dice

SARAH

My sister and my mother sit down for breakfast

My sister is angry, her mouth is doing this weird shaky thing that happens when she's trying not to flip out

Mom is fucking stone-faced, tense

Madison says

"If you asked us to meet to tell me you want to bail on being maid of honour, it's too fucking late."

Mom says

"For god's sake, Sarah, what do you want?"

Madison says

"Your knee is messed up, you look like you haven't slept since you got here."

Mom says

«Hueles a destilería».

Madison dice

«¿Qué te pasa?»

Normalmente, saldría con algún comentario grosero, me emputaría, me largaría a mi cuarto. A lo mejor se las voltearía, me sacaría algo que pasó hace años y que nos tomaría un rato resolver. Pero hoy no.

SARAH respira hondo.

«Les quería decir que entiendo que mi comportamiento últimamente las decepciona, y me decepciona a mí también. Reconozco que este es un patrón que sigo mucho—cuando estoy abrumada. A veces tomo demasiado o duermo demasiado, y es mi forma de alejarme de las cosas que me están abrumando. Pero, el resultado es que a veces no estoy presente para apoyar a la gente que me importa. Les estoy fallando ahora, cuando lo importante es la boda de Madison».

La cara de mi mamá se suaviza, por un segundo nada más. La de Madison se descompone, se le llenan los ojos de lágrimas.

"You smell like a brewery."

Madison says

"What's going on?"

Normally I'd make a shitty comment, flip out, storm off. Maybe I'd turn it around on them, drag up some old shit that takes ages to argue through. But not today.

SARAH takes a deep breath.

"I wanted to tell you that I understand that my behaviour has been disappointing to you, as it has been to me as well. I recognize that this is a pattern I have—when I feel overwhelmed, sometimes I drink too much or sleep too much, and it's my way of withdrawing from the things that are causing me to feel overwhelmed. As a result, though, I am sometimes then not present or there for the people that I care about. I am letting you down because the focus needs to be on Madison's wedding."

My mom's face softens, just for a second. Madison's face falls, her eyes filled with tears.

«Lo único que quiero es que tomes las riendas, Sarah. Todos queremos lo mismo. Lo único que queremos es saber que estás bien».	"I just want you to get it together, Sarah. We all do. We just want to know that you're okay."
Mi mamá no dice nada, entonces Madison dice	Mom says nothing so Madison says
«Mamá di algo»	"Mom, say something."
Dice	She says
«¿Estás bien?»	"Are you okay?"
Y no las quiero asustar, entonces me aguanto lo más posible antes de decir	And I don't want to scare them, so I hold it together for as long as I can before I say
«No. No estoy bien».	"No. No, I'm not okay."
Un beat largo	*A long beat.*
«Yo sé que esto fue hace mucho tiempo. Y ya sé que lo dejamos por la paz. Pero. Cuando tenía catorce, el profesor de—	"I know this was a long time ago. And I know that we sort of put this to rest. But. When I was fourteen, Mister—
Eh	Um
A mí	
Carraspea.	SARAH *clears her throat.*
fui la primera a la que le pasó.	It happened to me first.
Duró dos años.	It went on for two years.

Nunca le conté a nadie.

Me dijo que, si no le contaba a nadie, no se lo iba a hacer a nadie más.

Y yo le creí.

Debería de haber dicho algo cuando me di cuenta que te estaba haciendo lo mismo a ti.

Quería.

Pero, estaba tan acostumbrada a guardar secretos.

Y no pude.

Cuando estalló todo.

Te veías tan—

Estábamos tan preocupados

No quería empeorar las cosas

y no quería—

No podía soportar la idea que a lo mejor pude haber hecho algo

Me preguntaste una sola vez, mamá

Si me había pasado a mí

I never told anyone.

He told me that if I kept the secret, he wouldn't do it to anyone else.

And I believed him.

When I realized it was happening to you I should have said something.

I wanted to.

But I was so used to keeping secrets.

I just couldn't.

Once it all came out

You seemed so—

We were all worried

I didn't want to make it worse

and I didn't want to—

I couldn't stand the idea that maybe there was something I could have done

You asked me once, Mom

If it happened to me

Y te dije que no

Y ahí quedó.

Entonces, pues, a veces tomo demasiado

A veces duermo todo el día

Porque nunca le había dicho a nadie, hasta hoy

Pasó algo que no debería de haber pasado.

Me pasó a mí».

Mi mamá estira su mano para tomar la mía. Me mira a los ojos. En una voz, ahogada por las lágrimas, dice: «lo siento tanto, Sarah»

Madison llora. Me abraza. Murmura, «Ojalá nos lo hubieras podido decir antes. Hiciste todo lo que pudiste».

Lloro. Me abrazan.

Y luego vamos juntas a terapia. Y sanamos como familia. Y yo dejo de tomar y empiezo a correr maratones. Mi mamá me marca todos los días y platicamos de libros y de política. Madison empieza a reciclar. Bla bla bla

and I said no

And that was it.

So sometimes I drink too much

Sometimes I sleep all day

Because I never told anyone until right now

Something happened that shouldn't have happened.

It happened to me."

My mom reaches out to me, grasps my hand. She looks into my eyes. In a voice choked with tears she says, "I am so sorry, Sarah."

Madison cries. She holds me. She whispers, "I wish you had told us. You did everything you could."

I cry. They hold me.

And then we go to group therapy. We heal as a family. I quit drinking and start running marathons. My mom calls me every day and we talk about books and politics. Madison starts recycling. Blah blah blah.

Se ríe.

Sí cómo no.

Bla bla bla.

ග

ADRIANA *se despierta en su cama del hotel.*

ADRIANA
Puta madre

Verga

Abro los ojos y todo da vuelta

¿Algo blanco y que brilla girando a mi alrededor?

Claro, el hotel

Sábanas blancas.

La tormenta.

La fiesta.

Madres

Hace años que no tomaba así

Anoche

SARAH *laughs.*

Sure.

Blah blah blah.

ග

ADRIANA *wakes up in her hotel bed.*

ADRIANA
Oh my god

Fuck

I open my eyes and everything spins.

Bright white spinning around me?

The hotel, right.

White sheets.

The storm.

The party.

Oh Jesus

I haven't drunk like this in years

Last night

Anoche	Last night
Mi papá se murió	Dad's dead
Nicolás	Nicolas
Y esa morra	And that girl
La morra de cara triste	The sad girl
Nos vio . . .	She saw us . . .
¿Qué horas son?	What time is it?
Me ruedo para ver el despertador que está junto a mí	I roll over to stare at the alarm clock next to me
Es tarde	It's late
Demasiado tarde	Too late
Me paro con trabajos, el mundo se hace como una mecedora y el mundo gira en frente de mis ojos, pero tengo que ir a mis vueltas de inspección, hay cosas que hacer	I stagger to my feet, my world rocking and spinning across my eyes, but there are rounds to do, there are things to do
y no sé no puedo	and I don't I can't
Me atraviesa un escalofrío	I shiver
Me van a correr. Esa morra le va ir a contar a alguien. Me va a reportar y va a hacer que me corran. Puta. PUTA. Qué hago—qué hago—	I'm gonna get fired. That girl is gonna tell somebody, she's going to report me and she's gonna get me fired. Fuck. FUCK. I can't—I can't—

No sé cómo le hago para llegar al baño

Me meto a la regadera.

Mare.

Qué chingona regadera.

Me recargo contra la pared, inhalo el vapor.

Abro la barrita de jabón, papel color naranja que cruje en mis manos

Me tallo la piel fuerte

El cuello

Entre las piernas

Para sentirme limpia de nuevo

Somehow I make it to the bathroom

I get into the shower.

Oh wow.

It's a nice shower.

I lean against the wall, inhale the steam.

I open the bar of soap, crisp paper with a bright orange sticker on top

I lather hard at my skin

On my neck

Between my legs

Let me feel new again

SARAH
Soy la primera en llegar al buffet de desayuno.

No tomé una gota ayer y amanecí fresca como lechuga. (De verdad.)

Tengo puesto un vestido blanco con el que puedo presumir mi bronceado perfecto y uniforme. Me lavé el pelo, traigo maquillaje bonito y de buen gusto. Le sonrío una sonrisa enorme a Maddie—a Madison cuando baja. Aparté una mesa en la que cabemos todos.

Voy al buffet—café caliente, fruta fresca, yogurt de la sección que claramente es para los extranjeros sin imaginación. Tomo mi modesto desayuno y me siento junto a mi hermana. Tomo mucha agua.

Le pregunto a Madison si está lista, y luego saco mi cuaderno y repaso con ella las actividades del día. Uso una pluma de gel color azul para el día de Brad y una rosa para el de ella. La parte de arriba de la página dice #MadandBrad (yo les hice ver que alguien ya nos había ganado con #weddingdayolé y que #guacwedding se sentía racista por alguna razón).

SARAH
I am the first one to the buffet for breakfast.

I didn't have a drop to drink last night and I am fresh as a fucking daisy. (That's true.)

I wear a white cotton dress that shows off my perfect, even tan. My hair is washed, my makeup is tasteful and cute. I smile big for Maddie—Madison when she arrives. I've saved a table big enough for everyone.

I hit the buffet—hot coffee, fresh fruit, some yogurt from what is clearly the boring white people section. I take a modest portion and sit next to my sister. I drink plenty of water.

I ask Madison if she's ready before I take out my notebook and go over the day's activities with her. I use a blue gel pen for Brad's day and a pink one for hers. The top of the paper says #MadandBrad (I am the one who pointed out that #weddingdayolé was already being used, and that #guacwedding somehow felt racist.)

Cuando tengo que, me puedo organizar.	When I need to, I can get it together.
Pero adentro estoy	But inside, I am
Estoy	I am
No lo puedo ni describir.	I can't describe it.
Todavía no la he visto.	I haven't seen her yet.
Mierda, pobre chica.	Oh god, that poor woman.
Anoche ya no la pude encontrar. Cuando había agarrado mi toalla y mis chanclas, ya no estaba.	I couldn't find her again. By the time I grabbed my towel and flip-flops, she was gone.
Yo sé lo que se siente eso, quererse esconder.	I know what that's like, to want to hide.
Pero si algo sé	But if there's one thing I know
Es que no te puedes esconder.	You can never hide.
La voy a encontrar. Le voy a ayudar.	I will find her. I will help her.
En ese momento, Brad se tira yogurt encima. Madison se ríe suavemente y le ayuda a limpiarse con una de las servilletas azul turquesa, que se ve preciosa junto a su vestido amarillo y la polo azul claro de Brad. Les tomo una foto. Pongo el hashtag.	At that moment, Brad spills yogurt on his chin. Madison laughs gently and wipes it off with one of the bright turquoise napkins, which looks perfect with her yellow sundress and his light-blue polo shirt. I snap a picture. I add the hashtag.

No significa nada.	It doesn't mean anything.
Pero puedo arreglar lo que importa.	But I will fix what matters.
ADRIANA Me salgo de la regadera, me seco el cabello	**ADRIANA** I get out, dry my hair
Me arreglo para verme presentable.	Make myself presentable.
De salida, me tropiezo con una charola de desayuno que tiene una nota de Nicolás.	On the way out I trip over a tray of breakfast with a note from Nicolas.
«Tómate el día. Dolores te cubre hoy. Descansa. Llámale a tu mamá».	"Take the day off. Dolores is covering your shift. Rest. Call your mama."
La ignoro.	I ignore it.
Voy a mi oficina, agarro un uniforme limpio, me lo pongo.	I go to my office, get a fresh uniform, put it on.
Subo al octavo piso y le digo a Mercedes que le echo la mano si quiere.	I go to the eighth floor and tell Mercedes I can help her if she wants.
Pero, pues ya estoy aquí y vamos atrasados, ¿no?	Well, I'm here anyway and we're behind, no?
Bueno.	Very good.
Vamos a trabajar.	Let's get to work.
Comienzo del otro lado del pasillo	I start at the other end of the hall

Toco, entro, empiezo	Knock, enter, begin
Sábanas, almohadas, cobijas	Sheets, pillows, comforter
Toallas, lavabo, excusado	Towels, counters, toilet
Superficies, consumibles, alfombras	Surfaces, refillables, carpets
Sábanas, almohadas, cobijas	Sheets, pillows, comforter
Toallas, lavabo, excusados	Towels, counters, toilet
Superficies, consumibles, alfombras	Surfaces, refillables, carpets
Sábanas, almohadas, cobijas	Sheets, pillows, comforter
Toallas, lavabo, excusado	Towels, counters, toilet
Superficies, consumibles, alfombras	Surfaces, refillables, carpets
Sábanas, almohadas, cobijas	Sheets, pillows, comforter
Toallas, lavabo, excusado	Towels, counters, toilet
Superficies, consumibles, alfombras	Surfaces, refillables, carpets
Sábanas, almohadas, cobijas	Sheets, pillows, comforter
Toallas, lavabo, excusados	Towels, counters, toilet
Superficies, consumibles, alfombras	Surfaces, refillables, carpets
Sábanas, almohadas, cobijas	Sheets, pillows, comforter
Toallas, lavabo, excusado	Towels, counters, toilet

Superficies, consumibles, alfombras	Surfaces, refillables, carpets
¿Qué estoy haciendo?	What am I doing?
¿Qué estoy haciendo?	What am I doing?
Marisol viene corriendo hacia mí	Marisol comes running up to me
Me dice que un huésped me está buscando	She tells me a guest is looking for me
Una güera	A blond woman
Que se sabe mi nombre	Who asked for me by name
Levanto a ceja	I raise my eyebrow
«¿Y qué le dijiste?	"What did you say to her?"
Balbucea no sé qué de que le dijo a la señorita que iba a tratar de encontrarme para pedirme que la buscara en su habitación	She mumbles about saying that she told the lady that she'd try to find me and she would tell me to go to their room
«Eso no se hace» le digo	"That's wrong," I say
Me salen palabras hirviendo de la boca	Words boil out of my mouth
La quemo con ellas, la cuezo, la regaño	I scald her, I steam her, I lecture her
No se platica con los huéspedes	Never talk to guests
Jamás	Never

¿Qué parte no puedes entender?	What part of that can't you understand?
Les dices que pregunten por mi en la recepción y ya	Just tell them to call the front desk
Ya te lo había dicho	I told you
Nunca nunca jamás se habla con los huéspedes	Never ever ever talk to the guests
¿Tendrás la capacidad de hacer eso crees? ¿Eh?	Do you think you'll be able to do that? Hmm?
La veo	I see her
Veo algo en su cara que nunca había visto ahí.	I see something on her face I've never seen there before
Vergüenza.	Shame.
Le digo, «Perdón, no es por ser una cabrona. Pero, es por tu propio bien»	I say, "I'm sorry, I don't mean to be harsh. But it's for your own good."
¿De veras lo creo?	Do I believe myself?
«Es por tu propio bien».	"It's for your own good."
SARAH Yo sé lo que vi.	**SARAH** I know what I saw.
Sé lo que vi.	I know what I saw.
Y digo, ojalá—ojalá estuviera equivocada, pero no estoy. Sólo por la forma en que . . . en que	I mean I wish—I wish I was wrong, but I'm not. Just the way—

Y entiendo que hay—que hay una	And I understand that there's—there's a
una dinámica	A dynamic
No estoy tratando de	I'm not trying to
No quiero	I don't want to
Pero sé lo que vi	But I know what I saw
Y esta vez estoy lista	And I'm ready this time

ɕɔ

ADRIANA knocks on SARAH's door. | *ADRIANA toca a la Puerta de SARAH.*

SARAH
Oh—hi.

ADRIANA
Hello, ma'am. You were looking for me?

SARAH
Hola, Adriana. Come in, please.

ADRIANA enters. | *ADRIANA entra.*

You found me—

ADRIANA
Yes, ma'am. I remember your room. Your sheets.

SARAH
Right.

Pause. | *Pausa.*

SARAH
How are you? Es-estas bien?

ADRIANA
I'm good, thank you, ma'am. How are you?

SARAH
Please, call me Sarah.

A pause. | *Una pausa.*

How are you, though?

ADRIANA
I am sorry that I offended you last night.

SARAH
Offended—no—not at all.

ADRIANA
Okey.

Pause. | *Pausa.*

What can I do for you, ma'am?

SARAH
Uh—quiero ayudarte, Adriana.

ADRIANA
I am sorry, I do not understand—

SARAH
Last night—Adriana, I saw you. I saw what happened. *(reads from her phone)* Vi lo que pasó / anoche.

ADRIANA
I am very sorry. There was a party. Em . . . We did not know there were guests in the pool.

SARAH
No, no that's fine
Um
Todo bien.
But
I saw you.
I saw what happened to you.
Vi lo que te pasó anoche.

The man
El hombre
I recognize him
¿Es el hombre un instructor de fitness aquí?

ADRIANA
I'm sorry, ma'am, I don't understand what you are—

SARAH
The man you were with, el hombre—the man who—who

ADRIANA
No, I understand what you are saying. What can I help you with, ma'am?

Beat. | *Pausa corta.*

SARAH
No tengas miedo.

ADRIANA
What can I do for you, ma'am?

Pause. | *Pausa.*

SARAH
Te vi llorar
I uh
I saw you crying.

ADRIANA
Oh, I am okay, ma'am. «Estoy bien».

SARAH
But why were you sad?

ADRIANA
I'm okay, thank you, ma'am, I have to go to work—

SARAH
No, please, wait.

ADRIANA
Have a nice day, ma'am—

SARAH
I want to help you.
You don't have to lie to me, Adriana, you don't have to pretend.
I saw what happened to you.
He . . . um

> *SARAH fumbles with her phone. Enters something in it.* | *SARAH toma su celular con torpeza. Teclea algo.*

Violador.

ADRIANA
Que?

SARAH
It's okay.

ADRIANA
No no no, he's my—emm—he—

SARAH
Here use this—

> *ADRIANA ignores the phone.* | *ADRIANA ignora el teléfono.*

ADRIANA
No—violador no, he is my boyfriend, okay? He is my boyfriend.

SARAH
It's okay

ADRIANA
No es un violador. No es un violador.

SARAH
Okay, okay—here, you can—look.

> *She shows* ADRIANA *to use the voice version on the translation app.* | *Le enseña a* ADRIANA *a usar la opción de voz en la app de traducción.*

Speak into this and it will translate for you.

> SARAH *plays back the translation: «Habla sobre esto y se traducirá para ti». She gives the phone to* ADRIANA. ADRIANA *ignores the phone.* | SARAH *reproduce la traducción: «Habla sobre esto y se traducirá para ti». Le da el teléfono a* ADRIANA. ADRIANA *ignora el teléfono.*

ADRIANA
I was crying because of some other thing, nothing happened. He is my boyfriend and he is a good man. Do not report him or complain. Please, ma'am.

SARAH
Call me Sarah.

ADRIANA
Please.

SARAH
I know what I saw.

> *Pause.* | *Pausa.*

So I think we need to go to the police / and file a report.

ADRIANA
No, no. Policia? No, ma'am. No.

SARAH
Okay, okay. I won't call the police. I won't. It's okay.

A moment. ADRIANA *is frustrated.* SARAH*'s anxiety grows.* | *Un momento.* ADRIANA *está frustrada. La ansiedad de* SARAH *crece.*

ADRIANA
I am okay. Nothing happened. I am okay.

SARAH
Why are you protecting him? Why are you trying to defend him?

ADRIANA
What?

SARAH
Why do we always do this?

ADRIANA
What?

A beat. | *Una pausa corta.*

There was a party. I did not know there were guests in the pool. He is my boyfriend. Everything is okay. «Todo bien».

A beat. | *Una pausa corta.*

SARAH *picks up her phone and speaks into it.* | SARAH *toma su teléfono y habla.*

SARAH
We cannot protect them, we must protect each other. I can take you to a clinic, or to the police / or anywhere you want to go—

ADRIANA
No, ma'am, no, no policia, no clinica, entiendes?
No sabes nada.
NADA.
No sabes nada.
¿Por qué la que me tiene que proteger eres tú? ¿Por qué tú a mí? Aquí tengo colegas, tengo una mamá y una tía y una ciudad completa repleta de gente que me conoce, ¿y tú llegas y crees que la que me va ayudar eres tú? No te necesito, no necesito que me ayudes. Déjame en paz.

SARAH
Please, Adriana, I can't understand—

ADRIANA
No quiero su ayuda. I do not want your help. ¿Me puedes ayudar a que mi papá deje de estar muerto? ¿Me puedes ayudar a que me tía me deje de estar chingando? ¿Me puedes ayudar a que mi mamá me pueda voltear a ver? No. No puedes. You cannot do anything for me.

¿Qué estoy haciendo? Mi papá está muerto ¿qué hago aquí? ¿Por qué le estoy gritando a esta pendeja? Puta madre. Puta madre.

Qué jodido.

Y tú.

Deja de verme. DEJA DE VERME.

SARAH
I
Um
Okay. Okay.

> *Beat.* SARAH *starts crying, though she is trying very hard not to.* | *Una pausa corta.* SARAH *comienza a llorar, aunque está intentando con toda sus fuerzas no hacerlo.*

(suddenly self-conscious | cohibiéndose de pronto) I'm sorry.

Silence while SARAH *tries to collect herself.* ADRIANA *shakes her head. | Un silencio mientras* SARAH *intenta recuperarse.* ADRIANA *sacude la cabeza.*

ADRIANA
(under her breath | bajito, para sí) Deja de llorar.

SARAH
I'm sorry.

A pause. SARAH *is earnestly trying to control her emotions.* ADRIANA *watches her. | Una pausa.* SARAH *de verdad está tratando de controlas sus sentimientos.* ADRIANA *la observa.*

ADRIANA
Why are you crying?

SARAH
I

um.

SARAH *types into her phone and presses play. The phone translates back: «Lo que te pasó anoche me pasó a mí. Te conozco, Adriana». |* SARAH *teclea en su celular y reproduce la traducción. El teléfono traduce: «Lo que te pasó anoche me pasó a mí. Te conozco, Adriana».*

I just thought we could talk.

A pause. ADRIANA *watches her, anew.* ADRIANA *takes the phone and speaks into it: | Una pausa.* ADRIANA *la mira otra vez.* ADRIANA *toma el celular y habla.*

ADRIANA
Lo siento mucho por ti, Sarah. Siento mucho que te pasara esto.

It translates back: "I am sorry for you, Sarah. I am sorry this happened to you."

SARAH sits with that. ADRIANA watches her. She takes the phone again. | *SARAH absorbe esto. ADRIANA la observa. Toma el celular otra vez.*

Pero no sabes nada de mi.

It translates back: "But you don't know anything about me." | *El teléfono lo traduce: «Pero no sabes nada de mí».*

SARAH looks at her. They meet eyes. | *SARAH la mira. Sus miradas se cruzan.*

ADRIANA
La veo.
La veo de verdad, un instante.
A esta chica tan triste.

¿En dónde está su mamá?
¿En dónde está su hermana?
¿Quién va a venir por esta chica?

Yo no.
¿Qué estoy haciendo aquí?
¿Qué hago aquí, viendo llorar a esta morra que ni conozco?
Esta morra que no sabe dónde acaba su desmadre y dónde empieza el resto del mundo.

Su intento de generosidad es un tipo de violencia que me es muy familiar.
A veces, los moretones que me salían en los brazos no me los hacía él. Sino mi mamá, jalándome, escondiéndome, protegiéndome.
Por mi propio bien.

SARAH
La veo,
La veo de verdad, un instante.

Se despejan las lágrimas de mis ojos
Y la veo de verdad.

Puta madre.

Llega la vergüenza

ADRIANA
I see her.
I really see her, for a moment.
This sad girl.

Where is her mother?
Where is her sister?
Who will come for this girl?

Not me.
What am I doing here?
Standing in front of this crying woman I don't even know,
Who can't tell when her mess ends and the rest of the world begins.

Her kindness is a familiar kind of violence.
Sometimes the bruises I got weren't from him.
They were from Mama
Pulling me away, pushing me to safety.
For my own good.

SARAH
I see her,
I really see her, for a moment.

My tears clear from my eyes
and I really look.

Oh my god.

The shame arrives

Ardiente
Y huyo de la habitación como si se estuviera incendiando.

ADRIANA
Los moretones que dejamos, duran
Duran
Y volvemos a dejar todo en desorden

SARAH
Me doy cuenta de que mis pies me están llevando por el pasillo

Y ¿camino por el pasillo?

No sé

Sólo camino

Escucho el latido de mi corazón

Why do I do this? Why do I always do this?

Anything but the thing that I should.

ADRIANA
Me arranco el uniforme, me vuelvo a poner mi propia ropa

SARAH
Y, luego, de pronto, estoy navegando el laberinto del pasillo,

flickering hot
and I run like the room is on fire.

ADRIANA
The bruises we give last
They last
And we make the mess all over again

SARAH
I find my feet taking me down the hall

I walk down the hall?

I don't know

I just go

I can hear my own heartbeat

Why do I do this? Why do I always do this?

Anything but the thing that I should.

ADRIANA
I rip off my uniform, change back into my own clothes

SARAH
And then I find myself navigating the maze of the hallway

pasando junto al elevador de la alberca,

pasando las escaleras que llevan al bar,

caminando hacia la persona que me está esperando a mí

A *mí*

ADRIANA
Encuentro a Nicolás, veo algo destellar en su cara durante un instante

Algo triste, algo radiante

SARAH
Abre la puerta antes de que yo siquiera pueda tocar

Porque sabe

Y me intenta alcanzar

ADRIANA
Le digo,

«Nicolás, tenemos que hablar.

Pero, primero, préstame tu carro».

SARAH
Está parada en la puerta, temblando, envuelta en su bata del hotel

past the elevator to the pool

past the stairs to the bar,

straight towards the one who is waiting for me

For *me*

ADRIANA
I find Nicolas, see his face flicker for a moment

Something sad, something bright

SARAH
She opens the door before I can even knock

Because she knows

And she is reaching for me

ADRIANA
I tell him,

"Nicolas, we need to talk.

But first, I need to borrow your car."

SARAH
She stands at the doorway, shivering in her hotel robe

Entro, cierro la puerta

Atravieso dieciséis años para
alcanzarla y abrazarla

Abrazo a mi hermana

ADRIANA
Cuando llego a la carretera, miro
hacia el resort

Los que hacen el desmadre nunca
son los que lo limpian

Y este desmadre no es mío

Esto no es el paraíso.

Nunca lo fue de verdad.

ᔓᔕ

ADRIANA
La carretera de Cancún a Chetumal dura casi seis horas.

Manejo de madrugada, oscuro como boca de lobo. Los letreros de neón de la zona hotelera se dispersan y se disipan, y no queda nada más que selva, oscuridad, paz.

Mi tía me dijo que las viera en la misa.

I come in, close the door behind me

I reach through sixteen years to
hold her

I hold my sister

ADRIANA
As I hit the highway, I look back
at the resort

The ones who make the mess are
never the ones to clean it up

And this mess is not mine

This isn't paradise

It never really was.

ᔓᔕ

ADRIANA
The drive from Cancun to Chetumal takes almost six hours.

I drive through the middle of the night, pitch black. The neon signs of the resort district thin out and fade away, and it's nothing but jungle, darkness, peace.

My aunt told me to just meet her at the church.

Me quedo ahí parada en los escalones y espero a que estacionen el carro. Se baja corriendo y me abraza fuerte y me dice

«Gracias, gracias, gracias».

Mi mamá y yo nos miramos a los ojos mientras se baja del coche

Mi tía dice, «Ándale, dile algo, ¿sale?»

No puedo.

No puedo.

Se me acerca

se le sale un sollozo, me acaricia el cabello, diciendo

Te quiero hija, te quiero mucho

Y estoy en blanco, pero la volteo a ver y le digo

«Yo sé, mamá, yo sé».

La misa dura siglos. El padre conoce a nuestra familia y hace un esfuerzo especial para darme la bienvenida de regreso. Siento cien ojos sobre mí y me

I stand there on the steps, and wait until the car pulls up. She comes running out and hugs me hard and says

"Thank you, thank you, thank you."

My mother and I lock eyes when she gets out of the car.

My aunt says, "Say something to her, okay?"

I can't.

I can't.

She comes up to me

lets out a sob, strokes my hair, saying

"I love you, sweetheart, I love you so much."

And I am blank but I look at her and say

"I know, Mama, I know."

The service is endless. The priest knows our family well, and he makes a special effort to welcome me back. I feel a hundred eyes on me and I stay still and stony like

quedo quieta, de piedra, como
la cara pintada de la Virgen de
Guadalupe.

Se siente tan raro estar aquí,
escuchar el ruidito suave de las
cuentas del rosario de mi mamá.

Cuando acaba la misa, caminamos
al panteón y vemos cómo bajan a
mi papá a un hoyo en la tierra.

Doy un paso hacia adelante para
tomar mi puño de tierra.

Mis manos están temblando
fuerte.

Primero va mi tía, hermana de
mi mamá.

Mis tíos, hermanos de mi papá.

Mi mamá da un paso al frente,
quieta como piedra.

Se ve alta, enorme, erguida como
flecha hacia el cielo

Su sombra cubre la tumba.

La veo.

La veo.

la Virgen de Guadalupe's painted
face on the altar.

It feels so strange to be here, to
hear the gentle click of my moth-
er's rosary beads.

When we're done, we walk to the
cemetery and watch as my father
is lowered into the ground.

I step forward to take my handful
of dirt.

My hands are shaking hard.

My tia goes first, my mother's
sister.

My tios, my father's brothers.

My mama steps forward, still as
stone.

She is tall, enormous, standing
straight to the sky

Her shadow fills his burial plot.

I see her.

I see her.

Tiene la cara cubierta de lágrimas, pero se ve digna, alza la barbilla.

Mira hacia abajo, hacia él, y abre la mano.

Me toca.

Intento pararme derecha como ella, pero no puedo

Mi estómago se está doblando, jalándome hacia abajo.

Me tiemblan los labios, me salen ruidos raros de la boca.

Y

y

ADRIANA *grita.*

Mamá—

Y, luego, mi mamá está ahí, conmigo

Abro la mano

Suelto

El sonido del viento.

SARAH
La boda es perfecta

Tears stream down her face but she is proud, holds her chin up.

She looks down at him, and opens her hand.

My turn.

I try to stand tall like her, but I can't

My stomach is doubling up, pulling me down.

My lips are shaking, strange noises coming from my mouth.

I

I

ADRIANA *screams.*

Mama—

And then Mama is there, with me

I open my hand

I let go

The sound of wind.

SARAH
The wedding is perfect

Digo, con los errores usuales de
una boda

Los papás están tan nerviosos que
arruinan la procesión hacia el altar

ay señores

Pero es muy tierno

Maddie se ve hermosa

Suave y presente

Y yo estoy ahí con ella a lo largo,
a un paso nada más

Durante los discursos, cuento la
historia de una niña que

siendo demasiado joven

tuvo que volverse fuerte

y entonces lo hizo

y se convirtió en una mujer
fuerte y llena de amor

mi hermanita

qué increíble

Y todos lloran, entonces me felicito
a mí misma y me voy al bar

With the usual fuck-ups any
wedding has

The dads are so nervous that they
mess up the walk down the aisle

I mean, really, guys

But it's very sweet

Maddie looks perfect

She is soft and so present

And I'm there for her the whole
time, just a step behind

At the speeches I tell the story of
a girl who

too young

had to become strong

and she did

and who became a strong and
loving woman

my little sister

incredible

And everyone cries so I give myself
a high five and go to the bar

Todos tomamos de más y bailamos hasta el cansancio

Yo me tomo un vaso de agua por cada gin and tonic

Bueno, las primeras dos horas.

Hoy se trata de ella

Cuando regresemos, cuando ya se haya mandado la última tarjeta de agradecimiento, y se haya acabado la luna de miel

Voy a tocar su puerta

Y le voy a contar lo que pasó

Lo que me pasó

Pero hoy no

Y al final de la noche, Maddie me abraza fuerte y me dice «gracias».

Mi mamá me sonríe.

Y me siento bien.

Volamos de regreso al día siguiente. Todos están desastrosamente crudos y la hora de check out en el hotel nos toca mucho más temprano de lo esperado—los papás definitivamente siguen borrachos.

Everyone drinks too much and dances their butt off

I do one glass of water for every gin and tonic

Well, at least for the first few hours.

Tonight is for her

When we're home, when the thank-you cards are sent, when the honeymoon is over

I will knock on her door

I will tell her what happened

To me

But not tonight

And at the end of the evening Maddie holds me close and says, "Thank you."

My mother smiles at me.

And I am good.

We fly out the next day. Everyone is ruinously hungover and the checkout time comes way earlier than expected—the dads are definitely still drunk.

Saco dos mil pesos y los meto en un sobre al que le escribí «For Adriana»

Y en el cuaderno que está junto a la cama escribo anoto las únicas dos palabras en español que recuerdo:

Lo siento.
I'm sorry.

ADRIANA
Regresamos a la casa

Mis tíos me ayudan a cargar mis tristes mochilitas

Todo lo que tengo

Y las ponen sobre la cama, que está justo como la dejé hace ocho años

Hay tanta, tanta comida

Vamos a estar aquí toda la noche

Mi mamá entra y me ve desempacando mis mochilas

Poniendo mis cosas en los cajones

Me sonríe y yo le sonrío de regreso

Falta tanto, tanto para que esto acabe

I take out two thousand pesos and stuff them in an envelope marked "For Adriana"

And on the notepad next to the bed I scribble the only two words in Spanish I can remember:

Lo siento.
I'm sorry.

ADRIANA
We go back to the house

My tios bring in my small, sad little bags

Everything I own

And place them on my bed, just how I left it eight years ago

There is so so much food

We'll be here all night

Mama walks in and sees me unpacking my bags

Putting my things in the drawers

She smiles and I smile back

It is so, so far from over

Pero es un comienzo	But it's a beginning
Es un comienzo	It's a start
Todavía tengo un poquito de tierra en las palmas de las manos	Little bits of earth still stick to my palms
Así que me abro paso por el pasillo atiborrado de gente,	So I push through the crowded hallway,
tropezándome con los sobrinitos todos bonitos, a los que todavía no me presentan,	Tripping over sweet little sobrinos I haven't met yet,
y me dirijo hacia el baño, abro la llave y me lavo las manos.	and head to the bathroom, turn on the water and wash my hands.
Se escucha música tocando afuera	Music is playing outside
Las voces de mi familia llenan la casa	The voices of my family fill the house
Estamos retomando nuestro hogar	We're taking back our home
Y siento un destello de tristeza al acordarme de todo lo que se ha perdido	A flicker of grief in my stomach as I remember what has been lost
Pero estoy aquí,	But I am here,
estoy aquí,	I am here,
estoy aquí.	I am here.
Me veo en el espejo	I look in the mirror

Me seco las manos.

Limpia.

I dry my hands.

Clean.

Acknowledgements

Daniela Atiencia and Chelsea Haberlin for their incredible support. Colin Rivers and Marquis Entertainment, and Andrew Knight of South Coast Repertory. The artists who took part in the development of *Espejos: Clean*: Marilo Nuñez, Genevieve Fleming, Esther Jun, AJ Simmons, Ximena Huizi, Sindy Angel, Meaghan Chenosky, Alexandra Lainfiesta, Manuela Sosa, Lisa Portes, Lorena Martinez, Nell Geisslinger, Melissa Crespo, Emma Ramos, Kate Abbruzzese, Daniela Atiencia, Chelsea Haberlin, Gavan Cheema, and Divinia Shorter. Dr. Cristina Oehmichen and Roxanne Quintana for research assistance. People who read and gave their thoughts on the script: Joanna Falck, Carmen Aguirre, Marcus Youssef, Jiv Parasram, Carmen Alatorre, and José Teodoro. Participation in the development of the piece is not an endorsement of the finished work. I am grateful for all of their contributions.

Agradecimientos

Daniela Atiencia y Chelsea Haberlin por su increíble apoyo. Colin Rivers y Marquis Entertainment, y Andrew Knight de South Coast Repertory A las y los artistas que participaron en el desarrollo de *Espejos: Clean*: Marilo Nuñez, Genevieve Fleming, Esther Jun, AJ Simmons, Ximena Huizi, Sindy Angel, Meaghan Chenosky, Alexandra Lainfiesta, Manuela Sosa, Lisa Portes, Lorena Martinez, Nell Geisslinger, Melissa Crespo, Emma Ramos, Kate Abbruzzese, Daniela Atiencia, Chelsea Haberlin, Gavan Cheema, Divinia Shorter, y la Dra. Cristina Oehmichen y Roxanne Quintana por su ayuda con la investigación. Personas que leyeron y nos dieron comentarios sobre el texto: Joanna Falck, Carmen Aguirre, Marcus Youssef, Jiv Parasram, Carmen Alatorre, y José Teodoro. La participación en el desarrollo de la pieza no implica que las personas involucradas suscriban el producto final. Agradezco todas sus contribuciones.

Born in Los Angeles to a Mexican American father and a Dutch British Canadian mother, Christine is now a grateful visitor to the unceded lands of the Musqueam, Squamish, and Tsleil-Waututh people. Christine is an actor, playwright, producer, and dramaturg. Winner of an LA Drama Critics Circle Award, Dora Mavor Moore Award, Jessie Richardson Theatre Award, Tom Hendry Award, a Governor General's Literary Award nomination, and the Siminovitch Protégé Prize for Playwriting, Christine's works have been translated and performed in Spanish, French, German, and ASL in over ten cities worldwide. As a performer, she's acted on stages big and small, in a camper van, in neighbourhoods across East Vancouver, and on a farm. Christine is a graduate of UBC's B.F.A. Acting Program. Visit christinequintana.ca for more information.

Nacida en Los Ángeles, de padre méxico-americano y madre británica-holandesa, Christine ahora es una agradecida visitante de las tierras no-cedidas de los pueblos Musqueam, Squamish, y Tsleil-Waututh. Christine es actriz, dramaturga, productora y dramaturgista. Ganadora del premio del Critic's Circle de LA, el premio Dora Mayor Moore, el premio de teatro Jessie Richardson, el premio Tom Hendry, y nominada al premio literario Governor General y al premio Siminovitch Protégée por Dramaturgia; las obras de Christine han sido traducidas y actuadas en Español, Francés, Alemán, y lengua de señas americana, en más de diez ciudades del mundo. Como actriz, ha trabajado en escenarios grandes y chicos, en una casa rodante, en colonias de East Vancouver, y en una granja. Christine es graduada del Programa de Actuación B.F.A. de UBC. Para más información visita christinequintana.ca

Mexican playwright, screenwriter, director, and translator Paula Zelaya-Cervantes graduated from UBC in Vancouver, Canada, with a double major in Theatre and Honours English Literature thanks to the support of the International Leader of Tomorrow Scholarship granted to only thirteen students worldwide each year. Paula has written and directed several plays including *The Orbweaver/El Hilador* (Teatro Helénico 2018, Mexico City; Vancouver Fringe Festival International Mainstage Selection, 2016) and *245 Acts of Unspeakable Evil*, which she co-wrote with Ana González Bello and which won the Latino National Playwright Award granted by the Arizona Theatre Company and the Sharon Enkin Play for Young People Award granted by the Playwright's Guild of Canada. Paula has adapted and translated close to thirty plays, several of which she has also directed.

Dramaturga, guionista, directora, y traductora mexicana, Paula Zelaya Cervantes se graduó de UBC en Vancouver, Canadá con una licenciatura con Honores en Teatro y Literatura inglesa, gracias al apoyo de la beca International Leader of Tomorrow, otorgada a sólo 13 estudiantes mundialmente cada año. Paula ha escrito y dirigido varias obras, entre ellas *El Hilador/The Orbweaver* (Teatro Helénico, Ciudad de México 2018; Selección principal de Festival Fringe, 2016); y *245 Actos de Maldad Extraordinaria*, co-escrita con Ana González-Bello, y con la que ganaron el Latino National Playwright Award otorgado por Arizona Theatre Company y el Premio Sharon Enkin a Mejor Obra para Público Joven otorgado por el Playwright's Guild of Canada. Paula ha adaptado y traducido cerca de 30 obras, varias de las cuales también ha dirigido.